荒島校長的教子祕笈

陳兆焯 著

荒島校長的教子祕笈
作者／陳兆焯
策劃、主編／馬鎮梅　伍詠慈
文稿協力／史曉晴　陳楚思
美術設計／劉碧雲
出版發行／突破出版社
香港沙田亞公角山路 33 號突破青年村
電話：2632 0000　傳真：2632 0388
電郵：breakthrough@breakthrough.org.hk
網址：http://www.breakthrough.org.hk
http://www.btproduct.com
承印／陽光印刷製本廠
2013 年 1 月初版 1 刷
2013 年 11 月初版 2 刷

Being A Father Like Me
by Chan Siu-cheuk
First Printing, First Edition, January 2013
Second Printing, First Edition, November 2013

Printed in Hong Kong
ISBN 978-988-8073-79-5

本書經文取自《聖經和合本》，版權為香港聖經公會所有，承蒙允准採用，特此鳴謝。

誠邀閣下就突破出版社的書籍發表意見

歡迎加入突破書籍 Facebook — http://www.facebook.com/btbooks

本書採用環保油墨印刷

栽 培 新 一 代

年輕的心 驛動卻美麗

認識 貼近

關愛 同行

建造新一代更動人的生命

目錄

秘笈一 三陪爸爸

秘笈二 百忍成金

收放自如

祕笈四

在家生還者

自序

有興趣閱讀這本書的父親，相信都是好爸爸。

父親身體母親心

有許多人問我為何要寫這本書。那是因為我內心有一股很強烈的感受，覺得跟孩子相處很不容易，像在職場上跟老闆角力似的，有時甚至老闆還容易處理。相信不少父母也會有共鳴吧？

當我在不同場合提到我為人父親的辛酸時，不少父親都點頭稱是，甚至央求我替他們吐一口烏氣。其實男士面對兒女都有情緒，不過他們很多時任由它過去，沒有理會或深究。男人的確不容易把兒女事宜之於口，而我並非比一般男人更能自我察覺，只是我特別愛反復思量、想得很多。

我當校長，面對校內百多名學生，我是個理性的人，賞罰教導，很有分寸；然而一回到家，面對兒子，卻換成另一個人，我變得多愁善感，像個媽媽（我可不是要標籤女性），有時更會多疑多慮，甚至很不理性。我相信我對孩子的強烈感情，讓我這個理性的人，在教養時經常感到兩種性情在角力。

當我把種種感受和想法寫下來，感覺愈説愈複雜，愈説愈不知所謂。我原以為寫書與其他父母分享，如何放手、愛、自省，但從與兒子相處的日常小事中，愈寫愈發現，我不斷問自己，究竟我們是愛自己、想滿足自己，還是真的愛兒子，想他好呢？我根本搞不懂。恐怕不只是我，我太太都一樣，不停尋索自問。

我把種種角力的過程記下，一方面是想作反省，另外也想跟一眾父母分享，彼此提醒，一同學習。

教子祕笈

很多人以為陳兆焯經常談教育，應很懂得教育子女，與一般家長不同，故此很多家長都向我取經。有次我主講一個家長講座，主持人總結説：「陳校長的『棟篤笑』都幾好，但在座的家長就『走寶』了，沒有拿張紙抄下，校長剛才説了很多心得。」很多家長聽完講座，笑了 60 或 120 分鐘就完了，發覺學到的不多。的確，我的講座目的並不是要家長取什麼經，恐怕家長終日以為拿取技巧、方法，便可以「收服」子女，甚至控制他們。我分享的並非十個育兒方法、八個教子要訣，我只是想與他們走一段為人父母的心路旅程，能分享的只有心路歷程和感受，期盼與父母同行找教養子女的路。我相信養兒育女不是無法，只是無定法，因每個孩子都獨特。

我的講座和書都希望透過説説與兒子的故事，盼望讓聽眾、讀者去感受去領悟，分享為人父母的喜與憂，教養的苦與樂，找到培育生命的鑰匙。

孩子在生命中的地位

我和太太結婚九年後，就是我入正生事奉不久，才生下這個兒子；當時我們年紀也不輕，擔心未必有能力照顧兩個小孩，所以沒有想過生第二個小朋友，就只有這個兒子。

每當我想到自己與太太和兒子的關係時，總會感到無比幸福。

寫作這本書的時候，我一邊想一邊寫，發現自己記下的都是阿仔一些雞毛蒜皮的小事。事實上生活一直平平穩穩，沒發生驚天動地的大事，沒什麼事情深刻醒悟，也幸好沒有沉重的教訓。每當憶起這些小眉小眼的事，自己於腦海重溫當中影像，阿仔的樣貌、我的反應，我就滿腦子都是自己的兒子。

正如每一對父母都記掛自己的孩子一樣，每次憶述孩子的故事時，不論多麼微小、多麼平凡，都會萬分回味。這些零碎的片段也在證實，阿仔在我生命裏是何等重要，就像每個子女在父母生命中的地位，必然是無可取替的！

太太的教子角色

我想藉此機會多謝太太。世上沒有完美的父母，每一對父母都是從過往經驗的錯誤中學習。太太很愛阿仔，多年來都用心教導他，沒有一刻怠惰。雖然家中一直聘請傭工，但她堅持傭工只是負責做家務，照顧及教導子女是父母的責任，不應假手於人，所以有關阿仔的事很多都是由她負責。以前每天下班回家，太太雖然疲憊，但依然身體力行替阿仔檢查功課、溫習、玩。有時候，她身體過於疲乏，但內心依然希望盡母親的職責，不自覺給自己和兒子很大壓力，實在在所難免，但她很願意與我和孩子一起反省及成長。我把一切看在眼內，非常欣賞與感激太太為家庭的付出。她是一位好太太，同時也是好媽媽。

陳兆焯

祕笈一

陪食、陪玩、陪遊車河，

做個**三陪爸爸**！

把最好的給兒女

我未信主前，人很自我中心、很情緒化，目光老放在自己身上，心裏總感到懷才不遇、時不與我。別人對我好，我就疑心對方不懷好意，我留學時，親人照顧我，但我總不欣賞他們為我所作。信主後，我學會以上帝為中心，尋求祂在我身上的旨意和計劃，想討上帝的喜歡，學習感恩和欣賞別人。由於我對信仰的認定，自然想引導阿仔信耶穌。

阿仔年幼時，我每晚都唱歌哄他入睡。我愛唱：「你已被揀選屬於上帝」。唱這首歌，是我認定信仰給予我們身分，使我們與上帝連結，我也想阿仔認識他與上帝的關係。（現在我間中會爬上他的牀唱歌，而他卻着我不要唱，其實我只想逗他玩玩！）

阿仔五歲那年的聖誕節，長洲基督教聯會邀請我到長洲擔任街頭佈道會的講員。太太抱着阿仔坐在聽眾中間聽我講道，當我最後呼召有沒有人想決志信耶穌的時候，我看見阿仔第一個在媽媽的懷中舉起他的小手。那刻我當然感到開心，但也覺得有點訝異，沒想過他竟然舉起手。我覺得這是上帝給我最大的恩典。

為了確認這件事，回到家以後我再問他：「你記不記得剛才發生了什麼事？」他說記得。之後幾年，我先後不下十次旁敲側擊，期望得到一個確實的答案，而他都能肯定地回答我。

他現在上教會，投入團契，星期一、三、五、日都在教會聚會，忙得很。教會傳道人說阿仔比以前成熟，他又願意聽導師的教導，看着他投入教會的生活，我很感恩，這都是恩典。當我們教子女仰望上帝，即使他們今天做得不夠好，明天也可以改變，這也是我在正生十七年的體會。

作為父母當然期望把最好的給子女，但很多時候都不能強迫他們接受我們看為好的事物。我相信父母覺得好的事情，子女怎樣接受、何時接受，不到我們控制，就算他以後如何我也無法得知，因他是一個有獨立思想的人，我只能把他交給上帝。我相信在上帝的手中，他經歷的都是最好。

等候阿仔邀請

正生遷校事件時（約 2009 年），我廣受大眾認識，不過自那時起，阿仔禁止我去他學校（譬如送他上學，只准送到街口）、不准我踏足他教會講道。他説是因為同學認出我、知道我是誰，讓他尷尬。自他轉往現在這所學校開始，我儘量天天送他上學，又抽空到校看他打籃球、出席家長會，他的同學早就見過我。我想可能當時的他不曉得同學會有什麼看法，會有何反應，加上正值反叛期，便禁止我踏足他的「世界」。我必須尊重孩子的感受，不能跟他對立，也無法強求。

但幾年後，他才説其實同學沒有看電視，也不看報紙，根本不曉得我是誰。

阿仔自小跟我們上教會，幾年前，他忽然自行轉了教會，卻未有告訴我們原因。有趣的是，在 2012 年復活節，他突然邀請我和太太參加他教會的晨曦崇拜，早上五時半在突破青年村舉行。當時我閃過一個想法 —— 我有利用價值！他想我開車送他上去，但我馬上提醒自己千萬別這麼想，那是相當負面的。

到達後他表現得很雀躍，主動介紹我們認識他的朋友，又請我們跟他一塊兒坐，一臉自豪的樣子，我感到十分開心，這是前所未有的，我樂得心飛上天。看來他一定是放下了之前的心理包袱，從自己的想法中破繭而出。我們城市人可能太想操控一切，但做父母的，就只能等候這些時刻的來臨，讓孩子自己想通想透，不由我們操控。

有些父母可能會擔憂這豈不助長了孩子的任性？但我也想反問父母，我們是怕孩子任性抑或是想自己去操控？任性與否，有時要看事情的性質。那什麼事情可以、什麼不可以呢？我也不知道，父母只能摸着石子過河。

他目前在教會崇拜中擔任司琴。數週前，他問我為什麼不到他教會崇拜，我聽後心中大樂，答：「你沒邀請我嘛。」他說：「你可以來呀。」他受浸，雖然是一週前才通知我，但他願意請我到他教會，我自然非常感恩。

從他不准我踏足他教會，到今天主動發出邀請，相信他已克服以前一些不自知的恐懼，建立了更大的自信，又或者看懂了一些問題。我們做父母的，可能永遠都猜不透孩子心中的困擾，有時只能耐心等候，並接納每個孩子的步伐都不相同。

我的「潮人」爸爸

我發現自己與兒子的相處，有着當年我與爸爸相處的影子。

我與爸爸有很多快樂的回憶，每次想起，我都很開心。我九歲時，爸爸從觀塘駕電單車送我去清水灣學游水，我抱着他，坐在車尾。

我有兩位哥哥，他們年紀比我大很多，中學時沒有人陪我，爸爸便在海運大廈給我買來五呎高的火箭模型。那支火箭對一個小家庭來説是多麼昂貴哦。

留學暑假回港時，我會跟他上班，享受與他一起的時光。我愛吃米飯，他會搜查「白飯任吃」的地方帶我去。

我很崇拜爸爸，他愛新玩意，人很西化、愛跳舞、聽歐西流行曲，他更曾幫著名歌手於大球場搞演唱會呢。他只唸到小學，替人修車。少年時，他同事鼓勵他去讀英專，後又他便報讀無線電課程，最終成為技師。他常常買書自學，八十年代初，更買電腦，學拆機、寫程式。他雖然不懂日文，但會買來許多日文雜誌翻一翻。他愛閱讀，願意花錢追求知識、買書。他教我說，用幾十元買別人一生的研究、想法是很值得。他讓我知道學習的重要，亦因此供我到外國升學。他給我很正面的影響。

我一向覺得父母對兩位哥哥情有獨鍾，直至我信主及留學回港，才體會他們最疼我。哥哥都很早工作、結婚。我是幼子，加上讀書多，主力照顧父母，留在他們身邊時間最長。由於我跟父親的關係很親密，當年父親中風入院，我一放工便趕去照顧他。爸爸病重後我長時間陪他，儘量去照顧他，有人說我偉大，但實情不是這樣，是因他曾為我這樣付出過，我只是做該做的。

因我與爸爸甜蜜的父子關係，致使我願意花很多時間在阿仔身上，這或許是有些父母難以理解的。

風雨不改的寶貴時光

很多人覺得我工作很忙碌，我每天的確日理萬「機」（手機、電腦），也要應付很多人和事，但我依然堅持儘量每天先送阿仔上學才上班，也堅持分別前和他一起禱告祝福他。除非我外遊公幹或開會，否則這件事必定風雨不改。

阿仔唸小學時，學校就近居所，一直都是由媽媽帶他回校，小四至小五開始自行上學；小五之後換了一所稍遠的學校，就由我送他上學。上學途中我不一定跟他聊天，但每天都會和他禱告；他早上也不會講太多，但我會觀察到他許多情緒變化（例如他很喜歡上學、對考試頗着緊）。

冬季送阿仔上學時，每早我都買一客鳳爪排骨飯，讓他先吃；待他吃畢，才留給我。我現在再說買來吃，他已不肯了。

由六年班到現在國際學校的十一班（即一般中學的高中）足有五年時間，這段送兒子上學的路程成了一種習慣，留下段段深刻的感受。

這個感受似曾相識，我在留學的日子信主，回港後，

爸爸雖未信主，但有數個週日早上，他仍駕電單車送我去教會。記得坐在爸爸的電單車後座，他拐彎時，身子很接近地面，感覺很危險，我很怕，便想側身向另一邊保持平衡，但一定給他罵，因這會更危險。爸爸送我返教會，雖只幾次，但我信如果他有機會，必會經常接送。

爸爸給我很深的安全感和快樂，這感受在我裏面很強烈、很深刻，所以我對阿仔也是如此，很想他開心、很想他滿足。我現在堅持駕車送兒子上學，不期然是模仿爸爸為我付出的情操。

啣着白紙的鳥

一天下午，我收到兒子傳來的短訊，他説打印機的白紙用完，問我回家時可否順道替他買一疊 A4 紙。我立刻回應：「樂意效勞！」當下我趕着去買紙，回家途中，手捧那包幾百張的白紙，突然有種前所未有的感覺湧上心頭。孩子由出生至長大，生活的一切，包括所有起居飲食，甚至小至一疊打印紙，都是由父母供應。

這種供應的角色似曾相識，我爸爸不就是這樣嗎？我家的日用雜物，都是由爸爸負責到超級市場採購的。那時候，超級市場仍未普及。我還記得從前曾跟他到超級市場買牛油和麪包，這些食物在我心目中，都是高級食材呢！爸爸為家庭付出很多，日做兩份工，家中的雪櫃、電視機拼零件而成，不乏供應，也是他的功勞。

爸爸很愛護我，當年家中不太富裕，爸爸省吃儉用，目的是儲錢讓我去加拿大讀書，他每天早上只喝一杯咖啡，就上班去了。雖然他這樣做，未必完全與我有關，但他的確為我付出了不少。這是後來我媽告訴我的。爸爸的疼愛，不是

説出口的，也不是付錢的那種，而是以行動表明。盡力供應家人一切需要，是我從父親身上學會的。從前的他與現在的我都像一隻母雞或者一隻鳥媽媽，在外辛勞找食物供應家中的小雞小鳥，就像現在的我很想供應阿仔的需要。

只是現在生活不同了，父母不像從前經常需要替子女買這買那。當城市發展愈迅速，物質愈容易得到，金錢好像漸漸取替了父母的職能。只要給阿仔足夠的金錢，他便能自行把事情辦妥；或是在網上訂購貨品，定時有人上門送貨。

那時的我雖然不是啣着食物，只是捧住一包打印紙，但我正在供應一個孩子，幫助他成長。雖然不是什麼值得記念的大事，但我確實擁有一份父親供應子女的特權，我相信每對父母的 DNA 內都藏着這份供應子女的渴求。

遊車河

逢星期五晚上，阿仔都會參加教會聚會，約在晚上十時，我會駕車載他回家。初時他對我的接送顯得毫不在乎，但後來或許方便的緣故，他多次要求我去接他。

有幾次上車後，即使時間不早，阿仔都建議：「不如我們去遊車河。」「好呀。」我幾乎每次都答應阿仔的要求，駕着車子漫無目的地周圍兜風，刻意儲存一些跟阿仔的愉快記憶。

我們曾駕車登上大帽山山頂、走過東區走廊，那段時間，他間中自動地連珠發言，敞開心扉談及對生活的感受，例如同學、老師與教會發生的點點滴滴；而每當他心情愉快就説過不停，更曾一口氣分享了三小時。有時他因太疲累而忽然沉默，抱頭大睡，對車子駛過的地方亦了無所知。

當阿仔不斷成長，我開始感到大家的相處時間與空間逐漸減少。他開始發展自己的生活圈子，結交不同的朋友，漸漸遠離父母。當他願意跟我分享，我儘量給予時間、空間，這遠遠比供養與教導更為重要。他向我發出「遊車河」的邀請時，我心中不禁泛起一陣愉快，覺得阿仔願意花時間與我

相處。阿仔願意讓我聆聽，對我來說是一種最大的接納及肯定，而這些偶一為之的相處正正提供了機會，也有助我理解阿仔的想法。

在他跟我分享的時候，我得分辨他是想我聆聽，還是想聽取意見。大多時候，我都保持沉默，單單聆聽，儘量不搭上幾句。一來避免自己誤會了阿仔的意思，令他分享意欲大減，二來避免父母的「教導子女神經線」倏然又起，以說教回應他的感受，最後不歡而散。

記得以前我忍不住說教時，阿仔會不耐煩地說：「你已經說過一萬四千九百六十七次。」那一刻，我當然覺得「什麼？你一定不明白！」甚至認為他只是敷衍我。然而，當我靜下來，細心一想，他或許說得對。我們相處了十多年，有什麼話不曾說過。所以，現在他分享的時候，我選擇聆聽，讓他沒有壓力地分享他的一切。

平日我通常先讓他在家門下車，再自行泊車。有時「遊車河」以後，他說得興奮，或是剛睡醒不久，都會說「我跟你一起泊車，再回家。」每次聽到他這一句，我都不自覺地笑了。我多麼享受與兒子一起的時間，一點一滴儲起這些愉快的回憶和感覺，哪怕只有片刻。

外賣爸爸

一晚阿仔要吃鰻魚飯，他用電話 WhatsApp 我，着我給他買回來。我想他吃得愉快，所以拍了不同飯盒的相片傳送給他，供他選擇，他當然會表達欣賞，也會對我説 thank you。

有次阿仔做功課，我為他請來中文大學的教授，還要是系主任，接受他的訪談。我以為這次我幫了他，他應該對我心存感恩，怎料他覺得我的資源供給他用，是天經地義的。

不論我送外賣，抑或為他效勞，並非因為我覺得他不曉得而需要我幫忙，相反是我知道即使我不做，他也能自行處理。説實在的，我內心會因被兒子需要而感到愉快，他對我的肯定，真的很重要。

記得阿仔小時候，我們一家去台灣旅行，給他買了一架玩具車子。回港時，在機場裏，他急不及待駕着那架車周圍遊，我和太太在後頭跟着。那一刻我有一種很強烈的感覺，有一天，他就像那天駕玩具車一樣，離開我們，愈走愈遠。

現在阿仔讀到第十一班，兩年後或許要往外國升學。有

時候我不禁數算着我們一家還有多少時間能待在一起，父母心底根本接受不了自己的孩子長大。

有天，我如常送阿仔上學，他下車後，我從車的倒後鏡看着他的背影（他禁止我走近他學校，所以我只能目送他）。我天天送他，看着他一天一天長大，倒後鏡已裝不下他的背影。當我每次想到這裏，我知道有一天，他會長大離去，父親只有心內為他祝福。

子女成了導遊

我家經常外遊，每次都是「自駕遊」，因為我們很享受車廂內那屬於我們仨的小天地。

那時沒有全球定位系統，我們沿途經常翻閱地圖，確認方向後才開車。太太通常在後座打瞌睡，兒子則愛坐在我身旁，張目四望，給我當小導遊。阿仔從那時開始，學會發問 'Where am I ?' 幾乎每到一處地方他就問一次。

回到酒店以後，我把地圖攤在地上，計劃明天的路線。阿仔會走過來問我：「我們身在何處？」我抱着他看地圖，指出我們身處的地方，以及將會去的地方。我相信那是阿仔人生第一次，他很清楚自己的位置。自從那時開始，阿仔很喜歡看地圖，也喜歡不斷問：「現在在哪？」

阿仔長大，他的方向感不錯。我在美國讀書，阿仔跟太太過來看我。太太不太認得路，整個旅程都是由阿仔領路，那時他不過十一歲。

他今天許是自恃認路能力特強，愛一個人上街到處逛。現在我們外出，他總是很懂方向，指導我們如何走。他還説

中學畢業後要獨自往歐洲流浪，我和太太經常給他潑冷水，起碼大學之後再說。

小時候我常指點我他該怎樣走，現在他則經常嫌我反應慢、走錯路。我知道他沒有惡意，但聽得出他似乎想透過扁我損我，顯示他已長大。我們接納孩子長大，也要接納自己老了。我總提醒自己，也提醒父母，何必比較從前和今天，好好活在今天吧。

耶穌掉出來？

阿仔是個愛發問的孩子，他最喜歡問地理位置，不過對我最有意思的幾道問題，都是與信仰有關的。他六、七歲時曾問：「如果上帝真的全知全能，又説給我們自由選擇，那到頭來不是沒選擇嗎？」這是一道深奧的問題，幾乎把我難倒。這些問題，一次又一次地提醒我：兒子是個獨立的人，腦內有自己的思想，會回應整個世界對他的刺激。

有一次，當我凌晨二時駕車送朋友回沙田的時候，不料發生了一宗四車連環相撞的交通意外。一輛跑車與一架綠色專線小巴相撞，衝向我的車子，輕掃我一邊的車身，最後我的車撞向前面的一輛名貴跑車。我的車子損毀頗為嚴重，甚至不能駛回家。撞車以後，我雖然沒有損傷，卻出現了非理性的恐懼，甚至試過不敢過馬路。

回家以後，當時六歲的阿仔知道撞車的事，他問了我一句：「爸爸，撞車之後耶穌有沒有在你的心裏面掉了出來？」我聽見阿仔的回應覺得很有趣，他以小朋友的角度思想，與成人所關注的「人有沒有受傷，車有沒有損壞」的思路不同。

聽見他的問題後，我頓時也重新發現人生中最重要的不是意外後車子的損毀程度，而是耶穌有沒有一直存在我們心裏。

我回想意外之後心中忽然有一種無以名狀的恐懼，但小朋友的一句卻令我的角度重新調校。只要我們留心和虛心，孩子其實給我們很多提醒，故此我常對阿仔說：「你教曉我很多功課。」

三號風球游水記

有一次三號風球，我帶阿仔去長洲划獨木舟。我們租了一艘雙人獨木舟，但他不太懂得如何划，未到一半便只剩我一個人在划。也許對那時九歲的他來說，這活動還是比較吃力。

當我們划離岸邊，至大海的時候，我問他：「你想不想游水？」話音未落，他頓時轉身躍進水中。可能是阿仔對自己的泳術有信心，完全沒有一點猶疑。當我看見他在海中暢泳，雖然未得我准許，但我依然覺得很開心，一方面慶幸早已教曉他游泳；同時我也很享受跟他經歷的每一件事，尤其這件「冒險」事件。

相信對不少父母來說，這是件瘋狂的事，一定有人質疑我這個當父親的罔顧安全。天文台早已懸掛了三號風球，但事前我做過風險評估，就算把舟子划至大海中央，我也是有一點把握的。至於容許阿仔跳入水嘛，坦白說，也不到我容許不容許，我未說完，他已跳入水，還阻得了？

有時候我不明白，這不過是一件不值一提的小事，但印象卻非常深刻。我相信這種深刻的印象，源於我曾深深享受過這種親子關係。當我們年紀漸大，慢慢忘記如何玩樂。小時候打球，一踏進球場頓時投入，猛地向球的方向衝去，有球便射，無憂無慮；長大以後，不能只顧着當下，打球的時候，可能會想着一會兒去哪，何時要交還球場，已經無法享受那一刻。當父母顧慮太多，不但無法享受玩樂的時刻，也無法享受與兒女的快樂時光。

跟阿仔相處時，我會提醒自己，他已經慢慢成長，相處時間有限。不知多少父母沒有在子女年幼時儲存難忘的回憶，到他們年紀漸大時才發現經歷不多而後悔。當然回憶是自然發生的，三號風球下游水這種冒險玩意，也不必刻意營造。

從玩樂看成長

阿仔小時候最重要和最開心的事，就是跟我們吃喝玩樂，什麼都沒所謂。只要有爸爸媽媽在身邊，便能一起渡過很多不同的歡樂時間。

我最深印象是他五年級的時候，早晚纏着我跟他玩鬥獸棋，他很想贏我們，所以樂此不疲。如今回想，懊悔玩得不夠，當年我曾因疲倦、沉悶而設法迴避。

後來他開始愛上 Risk（戰國風雲），這遊戲要多人參與才刺激，他卻無所謂，常拉着我進行二人對壘，我覺得很悶，不想玩。他升上國際學校的第七班時，有朋友送我一副 Diplomacy（外交風雲）。他要我教他，他很快上手，就經常拿去跟朋友玩，告訴我他如何結盟勝出。我感覺他想挑戰我，展示自己比我聰明，由想我作他的玩伴，到作他的對手。

可能因為我是他成長中第一個認識的男性，他十分渴望從我身上找尋自己。假如在某方面他發覺自己有可能勝過爸爸，熱衷自會加倍。

看着兒子玩樂的方式，就察覺到他在成長，包括身體及

智商的改變。我相信這是一個必經歷程，所以我好想回到當年，跟他玩許多許多個回合。我後悔自己以前沒有跟他多玩一點，儲起更多快樂的時光和記憶。有人質疑，孩子怎會記得那麼多，我倒不認同。他兩歲多已跟我去加拿大，朋友都説我們浪費金錢，但我們發現，當他長大了，仍清楚記得這趟旅程。我相信孩子的內心更能知道父母感情的真假，能分辨我們是真心享受跟他的時光，抑或敷衍他。

至於今天，只能儘量把握，努力儲起快樂回憶。他開心，我就開心了。父子相處，只要珍惜當下，好好享受每一天。

北極熊式親密

阿仔小時候，我常與他躲在被中玩 Polar Bear（北極熊）遊戲，我扮北極熊爸爸，他做北極熊仔仔，一起假裝捉魚，他更扮吃。太太不會參與其中，甚至當我們二人是傻的。只是每當她不經意在房門前走過，我們都會說：「長毛象行過呀！」把她硬拉進我們的遊戲中。初時太太不明白為何要玩這些無聊玩意，很多人也許一樣不明白遊戲的意義，但這就是父子親密關係的體現。

我們玩，不是為達到任何目的，更不是要教導什麼，只是單純感受快樂，經驗親密。

近年有一門遊戲治療，是透過遊戲去教導小孩。我們習慣將事物功能化，連遊戲也變成教導的一部分，真是個錯誤。其實父母跟子女遊戲的時候最重要是享受，而不是教導。曾經有一位校長跟我說，他們學校的教學方法很「先進」，學生透過打籃球學英文，學生一邊打球一邊串字，例如他們先串好 dribble 才可以拍球。聽起來其實很無奈，這只是大人一廂情願的想法，從來不是從孩子的角度出發。小孩不過是想玩。我鼓勵父母要學習享受與孩子遊戲，不要把關係功能化。

阿仔現在已十六歲了，我間中還有逗他玩北極熊遊戲，只是他會說：「睬你都傻！」

這些是我跟他一起的快樂回憶。為孩子累積快樂的童年回憶，就像儲備存款，他日後遇上成長風暴時，就知道有家可以回去，那是他最安全的避難所。假如父母能跟孩子建立這種關係，將來即或有親子危機也較易化解。有時在我責備兒子後，我會「一啖砂糖一啖屎」，「提取」一些從前的「快樂儲蓄」，告訴他我有多愛他。進入青少年期的孩子，多少總會覺得父母老是針對他，要是「快樂儲蓄」不足，就很難打破關係上的僵局。

型格兒子

看着兒子對衣服顏色的喜好和選擇，發覺他的改變快如閃電，孩子是在我們不知不覺下長大。

他小時候，我們要他穿什麼都可以，彩虹七色、黑白兩道也好，米奇、加菲、史諾比、吉蒂貓，簇新的、破洞的，他都無所謂；哪怕是條裙子，恐怕他也照穿如夷。

上了小學，突然之間，他只鍾情黑白和純淨顏色，只消帶一小方塊有型有格的「嘜頭」，都堅決拒穿，十分奇怪。到了中學階段，他要求自行挑選和配搭衣服，再不肯讓我們代勞。最近他開始點評我的衣着與身分不合襯，又說我有了年紀，應該穿西裝，更說我的衣服並不適合我，便拿了當是他的；雖然他知道我在學校內經常要爬山，所以沒法子，只有穿運動服，但還是嘮叨我不要穿這穿那，否則沒有品味云云（可我向有「十大衣着有型人士」的美譽啊）；至於他自己，就強調一定要有特色！

兒子正在不斷成長，變得愛講道理、會思考。在我眼中，阿仔是成人身體裝着個小孩子。有時他會沒來由地躺在

牀上，十足幾歲小兒；有時一摟他，他又突然很抗拒，表示自己成熟了，不再是小孩子。成長的改變是必然，只要用心觀察，衣着顏色也演繹出孩子的成長，在不經意之間，孩子改變了許多許多。

父母留下的痕迹

阿仔自小就是個感覺敏鋭的孩子。他年幼時，我們帶他去看電影，每次場中的環迴立體聲一響，他都會跳起來，東張西望，要找聲音從哪裏發出，對他來説這些影像聲音都很真實，所以他不會看恐怖片。

阿仔大約六歲時，我帶他到加拿大旅遊度暑假，探望朋友，其中一個是我的老師。他住在一處荒蕪的地方。因為路途遙遠，城市人根本懶得去，我的朋友也沒期望我會去。那時是晚上九點鐘左右，我按朋友給的指示，離開公路，走上泥路，要駕車好幾小時，才到達湖旁邊，那湖叫 Mabel Lake。停車後再要開一個閘，走進一個漆黑的地方。到達了，我很開心。朋友看見我的時候，不禁説：「沒想你真的會來，更沒有想過你在晚上出現。」

十年之後，阿仔才告訴我，其實當時他很害怕，只是我卻一點也察覺不到。父母領兒女去一個地方，有時我們根本沒留意他們的反應，我們以為很順利、很安全吧！事實上，我們真的平安無事，可是我們卻遺忘了身邊的人，像我就忘

了兒子的反應。當然即使時光倒流，我們都未必留意到；當兒子這樣告訴我，我才省悟父母在子女的生命裏，留下許多痕迹，可是子女大部分的思想和感覺，父母都不知道，而子女會不懂得表達、忘記了，或是不想説，所以我很欣賞阿仔願意説出來。

當父母與子女一起生活，會不自覺地在他們的生命留下痕迹，除非子女自己説出來，否則父母可能一直不察覺。有時可能是子女的記憶迷糊了，亦可能混雜了其他情感，不再是當初的感覺。

究竟這是正面抑或負面的經歷？沒有人能判斷。第二天，我們一起經歷了很多事，現在他依然記得。翌日早上，忽然有一羣牛衝向營地，我們大叫後，與其他人一起趕牛。我們又曾坐印第安人的獨木舟划出湖中，看見湖底有很多兩呎長的三文魚，亦在石邊看到一些印第安人所畫的圖騰。雖然過程中，阿仔感到害怕，但從這些經歷回看，這個旅程很有意思，非常難忘。

他感到害怕，這種情緒都可能有正面後果，或者警剔他以後處事小心。父母有時看事件太過短視，很多事都不會立刻知道影響有多深遠。現代父母對事情有既定看法，害怕生命太多變數，想事事都掌握在自己手中；但有信仰的父母要學更難的功課，把結果交託給上帝，因為我們相信上帝愛他多於我們。

教子心法大公開

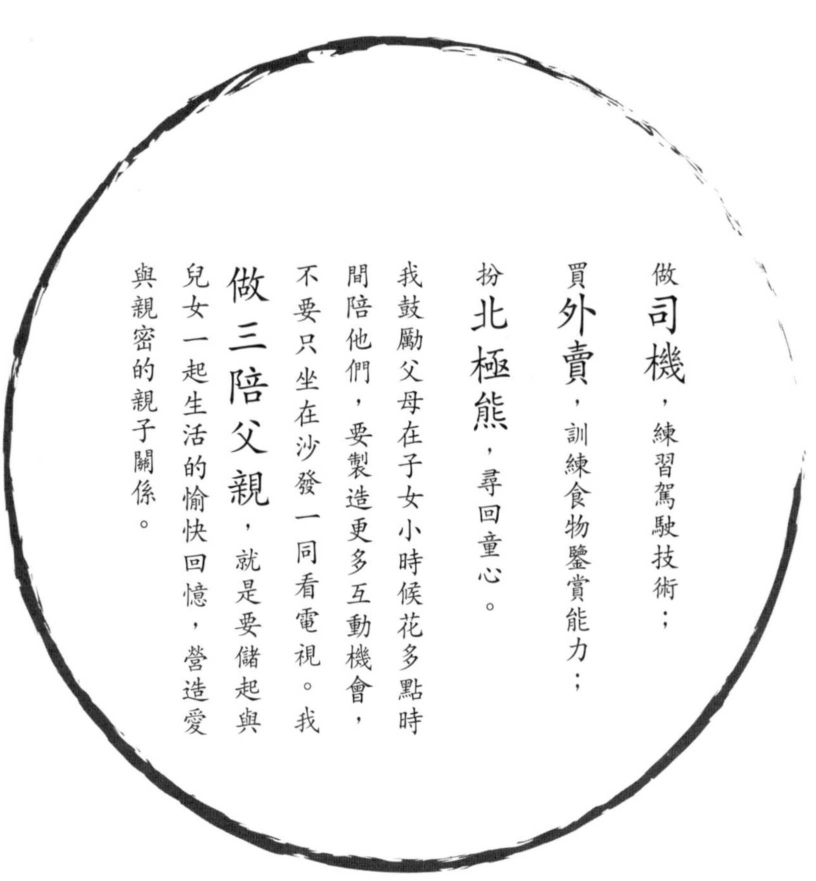

做**司機**，練習駕駛技術；

買**外賣**，訓練食物鑒賞能力；

扮**北極熊**，尋回童心。

我鼓勵父母在子女小時候花多點時間陪他們，要製造更多互動機會，不要只坐在沙發一同看電視。我**做三陪父親**，就是要儲起與兒女一起生活的愉快回憶，營造愛與親密的親子關係。

教子
祕笈二

應對子女「氣攻」，
切記**百忍成金**。

我的正職是司機

有時我去阿仔的教會接他回家，他的朋友也會上車。他與朋友傾談，我是絕不能插嘴的。若我插嘴，他就瞪着我了。他不會即時指責我，而是回家後才跟我算賬。有次我跟他説，「你的朋友也很喜歡跟我傾談。」他冷冷一句回應：「不是呀！」我以為搭話是表示，我想跟他做朋友，但是他根本不需要我這個朋友。

即使我在車程上專心駕車，保持沉默，這還是不夠。回到家以後，我還是不能跟他討論剛才在車廂的談話內容。我曾跟他説，覺得自己像司機，怎料他短短回了一句：「是呀。」原來他看我的身分很清晰，就是司機，他只需要一個爸爸和司機。

有天阿仔約我晚上八點半駕車送他去教會祈禱會，會後又去接他走，我把行程安排好。但接近八點，他忽然傳來短訊，説不需要我了。似乎他對我呼之則來，揮之則去。但那一刻，我沒有惱他，反而有種失落的感覺，誇張一點説，我感到不能接他，是一個遺憾！

我感到很奇怪，反復自問，事情有那麼嚴重嗎？不用管接管送，很好呀，省時省事，但我心裏總覺得像破開了個小小的洞一般，有種欠缺。究竟為什麼呢？是因安排了的事臨時改變？是擔心他自行來回有意外嗎？

總之，我感受到一種不完整，可能因為愛這個孩子，所以便需要他。當他不需要自己，父親有一種失落感，但我不斷自省自問，究竟我這樣是真心愛子女，還是在滿足自己？有時是我們父母習慣擁有他們，想更多時間與他們獃在一起，滿足自己被需要的感覺，或者是滿足一種佔有慾。我不敢單純稱這種感覺叫愛，但我希望透過自我反省，讓自己真實愛他，而不是出於自私。

孩子的爸爸教練

阿仔十五歲時，有天忽然對我說，同學看扁他明年一定選不上籃球隊，問我可否親自教他。我高興也來不及呢，二話不說就跑出去買個新球回來，還跟他相約練習時間。但這個年紀的孩子，只有三分鐘熱度，為免觸礁，他說什麼我也得留點餘地。我當然小心奕奕，還在兩天前予以溫馨提示。

那天我教他防守和射球，他的手感很好，一教就曉，大家都玩得相當痛快。我乘勝追擊，約他下週再練，他已顯得無可無不可似的。在半推半就下，他勉為其難依約進行第二次練習。

從我多年教波的經歷，每次練球都要定個目標，例如連續射進十球後方可休息，作為練習的完美句號。那是帶點冒險性的，因為目標過高或過低都會影響球員士氣，教練必須拿捏到位。

當天練習時我覺得阿仔的能力可以，就叫他射十球。誰知他連續幾次都在第八、九球時失手，我也替他心急，但突然降低門檻又怕打擊他的自信，不利訓練，心中也沒底，只

能不斷鼓勵他。阿仔連番挫敗後，開始大發脾氣，而躁動的情緒更影響他的表現。這些場面我司空見慣，平日我一定喝止學生，要求他冷靜下來；可眼前這個不是學生，是親兒，彼此之間多了一份感情，這份感情使我有份莫名的壓力，又怕自己對他的感情，左右我的判斷，變得過嚴或過鬆，失卻素常的冷靜和判斷力。

眼見他這個狀態，可能到天亮也不會達標，該怎麼辦呢？

當下我作了個深呼吸，先平伏自己的情緒，再調校自己的期望。父母之道，最難莫過於如此 —— 何時叫停？何時放行？那難度真高！安頓了自己，再看着孩子，再大的困難也必須讓他自己克服，我只能做陪伴的同行者。他稍為平靜一點後，我作出微調：「算啦，已射進了九球，走吧！」然後轉身離開，阿仔有了下台階，忙不迭説：「好！」拿起球隨着我的腳步行。但我知道他是失望的，因未能達標，那一刻我想安慰他、教導他。

換着平時，我會教學生。有些學生因輸了比賽而不安失落，我會個別傾談，幫助他們從中看清楚自己的性情、有什麼不妥，又以前人經驗提醒他，希望輔導他成長。但我與阿仔很少這種場景，我也想他遇上我這種教練，能輔助他成長。但身分不同，自有不同的感受。最終，我選擇沉默。

做父親的，只有自我察覺，適時放下自己的尊嚴和面子，調校期望，才不致與孩子陷入僵死的雙輸局面。

面對阿仔的挑戰

阿仔兩歲時，我們帶他一起往加拿大，記得在那次旅程中，阿仔人生首度用英語發問。

我們到達後作自駕遊，阿仔在車廂中往外張望，看見任何覺得新奇的東西，就不斷發問‘What is this ?’有時也很難回答。我們沿途經常翻閱地圖，確認方向後才開車，他從那時開始，學會發問‘Where am I ?’幾乎每到一個地方他就問一次。

阿仔步入青春期，一次我們旅行，由加拿大下美國時，美國海關問了許多問題，我硬着頭皮回答，阿仔有點不耐煩，過關後對我說：「你以後都別說英文，你講得很難聽！」

撫心自問，阿仔的英語的確比我強，而且他說得很快，又是標準的外國腔調，用字深奧得我也未必懂。有次我要寫一封英文信，他在旁邊看了一會，終於忍不住把我的電腦搶過去，幾下功夫就幫我寫完，我讀後也覺得甚好。

我實在要讚自己，當我看見孩子英語比我好，心裏高興還來不及呢！明明想自己的孩子英文水平高，做超級孩子，

然而面對阿仔的挑戰，對許多父母是個考驗。如果父母內心有情緒，卻不自知，又不願放下父母的尊嚴，就可能被這些「尷尬」或「難堪」的情緒挑動，繼而惱羞成怒。我們能學習的，就只有自我察覺，然後放下身段。

不耐煩的請教者

當阿仔在功課上遇上疑難，都會來請教我，然而他很多時沒有耐性把問題說清楚，只是拋下一句：「是或不是這樣？」並期望我以同樣方式直接告訴他答案；但隨着他的年級愈高，題目愈來愈複雜，很多時候已經不能用一句「是」或「不是」解答。當我多問他幾句，他都會逕自離開。對於他這行為，有時候我覺得難以接受。作為一位請求者，他應該以耐心的態度，請求別人幫忙解決功課上的疑難，而不是拂袖而去。

曾經翻過有關發展心理學的書，當中提到不少人回想他們十多歲的時候，不約而同發現那時情緒起伏特別大。或是因為成長的煩惱，或是面對不可知的未來，或是對自己能力的懷疑，這些細微的因素不時撩撥他們這班青少年的情緒，以致他們變得特別暴躁和不耐煩。

面對他的態度，我一直學習不作任何回應，而不是要求他道歉。很多父母要求子女道歉，其實這是一種教導手段，但很多時候不但不能達到期望的效果，在子女的眼中，更覺

得父母發脾氣，找自己出氣。

過了一會，他通常再次走來問我，而我又會繼續跟他傾談。這一次他的態度改善了，他會給我了解那條題目，而我們就問題討論，過程中我亦嘗試引導他尋找答案。有時候我覺得子女不像他們表面看來般簡單，他們也有自己的矛盾與情緒。他走近我身邊問問題可能是一種情緒的表達，當中他或因急躁而鬧脾氣，但當他冷靜以後，還是主動來找我，作為父母應該容讓他們有這空間，要對子女不離不棄、不計「前惡」。

阿仔，爸爸不懂

阿仔約十四歲時，有一天他問我有關元素周期表（Periodic Table）的化學問題，問及物質的傳導能力。大學時期，我攻讀化學，更曾在中文大學擔任化學系的研究助理，但那時候腦海突然一片空白，心忖「大鑊，今次點算！」只好立刻致電給現為化學博士的舊學生求救。

又有一次我如常開車送阿仔上學，他打開生物課本溫習，還隨手翻開一頁，問我為什麼有單醣和多醣之別，我以僅餘的記憶儘量回答。作為父親，課本早已丟下數十載，對於孩子知識性的提問，總惟恐招呼不周而顏面蕩然無存，然後因為太愛他的緣故，重啃當年舉手投降的數理化，喚醒腦細胞潛藏的考試惡夢。這是一份愛的壓力。

當子女不斷成長，父母只得承認他們已經不再是從前那個我們可以完全掌控的小孩。他們所讀的科目愈來愈多，發問的問題亦愈來愈深奧，我們不再有十拿九穩的把握回答，甚至有一天他們會超越我們，跟我們在一些未知的情況下一同尋找答案。

在父母的角度，坦白承認自己的不足也許不是一件容易的事，但是我們應該誠實，而不是假裝懂得。當我願意坦誠跟阿仔承認，我感到他會欣賞。子女從來沒有期望我們十項全能，什麼知識都掌握，相反這只是我們對自己的期望，希望子女的問題都能一一解答，面對未知與無法掌握，我對家長的勸勉是：誠實承認總比強裝懂得好，若父母能與子女一起學習當然更是理想。

求學不是求分數？

阿仔在國際學校就讀第十班時，Social Study 這科的成績臨近不及格，結果要見家長。我甫聽見這消息，表現非常平靜，但心底卻不滿意。

見家長的時候，老師嚴正聲明：「如果他成績再不改善，有可能到學期尾『拉唔到分』，不及格。」那刻我開始緊張。雖然我平日經常說自己不在乎子女的成績，但做父母的有誰會不着緊？當他們成績好的時候，我自然不着緊，也不用着緊；當他的成績強差人意，我頓時發現自己非常緊張。在這情況下，我要平衡自己的情緒，不能裝作一副愛理不理的樣子，恐防他接收到錯誤信息；但又不能過分緊張，令他不滿。

有時候，父母難以避免這種口是心非、雙重標準。我知道這是正常不過的事，但不等如我接受自己這種心口不一的表現。我覺得父母需要學習平衡、學習放手，繼續鼓勵子女，向他們解釋成績不佳的後果。當然父母心裏會左思右想，有沒有其他辦法幫他？但我再提醒自己，孩子的自信是從別人的信任開始，「真係要放手！要信任佢！」

後來的考試，阿仔在這一科獲得好成績，成功「拉返好個分」。我心想：「這次無問題！」但我頓時反問自己，為何我會覺得無問題？因為他成功達到老師的要求？但如果這一次他的成績依然不理想，再一次不及格，我能接受他這沒有進步的成績嗎？我也不敢再想。

這件事讓我知道為人父母，雖然經常滿口道理，什麼「求學不是求分數」，但我們總口是心非，心底裏壓根兒極度重視孩子的成績。事實上，我們以往的經驗告訴我們，成績好一點，人生可能順暢一點；然而另一方面，看慣壞孩子成長的我深深明白，如果單用成績去衡量一個人，一定是不公平、不準確。

很多父母一直生活在這個矛盾和拉扯中，經常要思想「為什麼可以？」「為什麼不可以？」當中是一個學習過程，從中反省自己的價值觀，提醒自己不要跌入説謊的陷阱當中。

如果重新吵架

有一次，我送阿仔去剪頭髮。那時他的心情一般，可能感到很累吧。當我回去接他的時候，他指責我遲到了。一向他遲到，我都會耐心等候他；但今次換了我遲到，他就板着臉，目露兇光，表達不滿，我覺得不被尊重。

回家途中，我的車快沒有油，阿仔立刻感到焦慮。我很了解他，他是那種很容易焦慮的人。結果，累、擔心與不滿幾種情緒混合起來，他開始默不作聲，表情很不友善。我當時忍不住斥責他。後來我後悔，為自己的惡言相向道歉，請他原諒我，但他又不作聲，我不曉得他是否原諒了我。身為爸爸，我自覺理當獲得阿仔尊重、妻子欣賞，但有時我又不能反過來要求別人也會這樣，甚至無法要求自己的阿仔。

我請求阿仔原諒，但他不表態，我實在亂了方寸。當我學習接觸自己的內心感受，自然也想阿仔有這種醒覺，會自我反省。怎料他不但沒有反省他的態度，更戴上耳筒不理會我，我立刻無名火起，一手抓下他的耳筒，然後我們便你一言我一語吵起架來。吵架時，他吐出一句：「你都不明白

我。」我不認輸，忙不迭回應：「我就是不明白！」平時我對他都是「由他吧」、「忍忍吧」，但那一刻我被他的態度觸怒，自覺自己已經常常縱容他，我理應直斥其非。

很久沒有這樣吵架了，在這過程中，當人面對壓力，即使壓力只是來自車子快沒油，也會擔心、焦慮；混雜的情感，使我無法好好處理自己的情緒。我感到自己失控（我當然是受控地失控），也知道自己不對，用武力，處理得不好。我情願沒有搶他耳筒、沒有喝止他；如果可以重來，我選擇忍耐。

在這件事以前，我一直以為自己和阿仔關係很不錯，以為自己算是一個很好的爸爸。但遇上這種情況，我不得不承認，我真的不明白阿仔，很多都不明白，不是我不想，是沒可能嘛。想到這裏，一方面我學會謙卑，我絕不是完美父親，另一方面也深切體會愈親密的關係，愈難好好相處，不論夫婦，或是父母子女。從這些衝突，我感到父母和子女相處，雙方都各有自身的限制，只能以憐憫的心彼此饒恕。

我假冒為善？

有時和阿仔吵架，他真的氣得我七孔生煙。我畢竟是校長，平日在任何場合也不會失禮，面對着孩子更不會。前篇提到我與阿仔衝突，我的情緒真的失控，也使我心情很複雜。

阿仔指責我遲了去接他，從他的説話，我感到阿仔想和我平起平坐。我推斷他想挑戰父親，「為什麼大人可以做，而我不可以？」當孩子有錯，我們會馬上教訓或者糾正；但當父母做得不太好或不合乎孩子心願時，他們會馬上反擊，想糾正我們。那一剎，我無法放低自己的面子、尊嚴，覺得他無禮貌，「想玩嘢」。他當然不這樣想，覺得自己不是無禮貌，而是追求公平，他一句：「你也有錯啦！」到今天仍在刺我。他又罵我是 hypocrite（偽君子）。一想起我就很不開心，當然他也不開心，他板起臉，給我臉色，不看我。我自然會想，「你哪有資格給臉色我看！」他卻覺得「你不開心也會給臉色我看啦！」他甚至以《聖經》的説話，罵我「假冒為善」。

有時子女跟我們吵架，舉出很多論據，為何他們會這

樣？很多時候都是與父母有關。是我們教他要獨立思考，要提出辯證。有時我們以為可以要求兒女，對他們說：「你要反省自己。」事實上，我五十多歲還在學習如何自我反省，他不過十來歲，我又怎能勉強，無法心急的啊！

當我寫這本書，談到與阿仔這樣吵架，我便靜下來，自我反省。教養孩子讓我更謙卑，了解自己做事的原則，更深刻看到自己的問題。在任何情況下，父母都應保持與孩子溝通，好讓自己更明白孩子，這大概就是《孫子兵法》中的「知己知彼」的道理。雖然我與為人父母的分享與子女相處，但哪敢自誇有什麼教子祕方，只是求主憐憫，讓我自己多反省，謙卑下來去面對、去等候。

你的房間在我家

我覺得當阿仔長大以後，他期望在家中有更多話事權。我和太太曾購入一個單位。阿仔知道後兩次投訴為什麼他沒有看過那單位。他覺得自己也是家中一份子，家裏有任何決定也要問過他。當然我認為即使我問他，他也不會理會，但他還是期望我會尊重他在家中的地位。

有一晚，我突然邀請了一位朋友回家吃飯，事前沒有跟阿仔交代。

當傭工擺好碗筷，我叫阿仔出來吃飯，他沒有乖乖順從，我在門外耐心地喚了幾次，但他像個鬧情緒的小孩，不肯出房。最後，他竟在開飯前，迅速衝出門，奔到餐桌前，拿一碗飯，夾幾口菜，再衝回自己房間。

朋友離開以後，我問他：「為什麼你不出來吃飯？」

他說：「你沒有跟我說有人來吃飯，我已經換了睡衣。」

在成人眼中，這或許不是一個理由，他再換一套衣服便可以。但對他來說，我沒有尊重他，我帶朋友回家都會通

知傭工，因為她要幫忙預備晚飯，但我不會通知阿仔。事實上，父母應該緊記，子女不是我們的附屬品。

有一次，我進去阿仔的房間拿東西。阿仔喝道：「你入來做咩？」

我：「我入來拎一些東西。」

阿仔：「間房係我㗎。」

我那一刻頓時莫名火起，回應道：「你間房係我間屋入面。」

他漸漸成長，覺得房間是屬於他的私人空間。阿仔這一代跟我們成長的背景已經不同，只是父母有時依然以自己成長的模式看待他。

寫這書時，我不只一次要得他的准許，讓他知道我正在寫與他有關的事。如果他不同意，我立刻叫停，這是我學習尊重阿仔，尊重他長大了，是個獨立的人。

偷工減料的練琴

一個星期六晚上，我跟太太如常出去拍拖，阿仔當時正在練琴。

我們要求他每天至少練琴十五分鐘。每逢星期六，我們出門前都對他説：「你要練鋼琴呀。」這時候，他才慢慢走到鋼琴前，準備練習。由於住所在低層，我們幾乎每次都特意站在樓下，「偷聽」他的琴聲。有時過了七、八分鐘，琴聲停止，回歸寧靜，我們就暗忖：「阿仔弄虛作假啦！」

為人父母，在那一刻都感到矛盾，繼而胡思亂想。若然我立刻回家，罵他道：「你這樣做是不應該！」一定不歡而散；然而，若我假裝不知道，他日阿仔養成説謊的習慣，長大不就會犯法嗎？或者坐牢？這一輩子的前途就會斷送了！或者黑社會就會利用他了！然後……

幾年過去，有一次我問他：「你記得練琴的事嗎？你是偷工減料嗎？」起初他一臉惘然説：「好似唔記得。」後來，我講出自己的猜測後，他竟偷笑，但沒否認。他直認以前練琴偶有「偷雞」。一直以來，我早知道他不喜歡做公文數、練

琴，而他不喜歡的事，自然不會全心全意地做，只是敷衍了事。

阿仔很少使我們感到不開心，我也很少惱他。讓我們最憂心的，就是他這種態度。

他説測驗要拿八十分，説有就有，因為他很有策略，知道要讀什麼，哪部分可以取分，哪部分沒有分不用讀。他想要什麼成績，就能拿到，只要分數及格，他就不再出力。我們也會擔心，但他説自己行，成績又追得上，我們就放過他了。

有時我跟太太説：「咁樣唔得呀。」然而作為成年人，我們很多時候不就是這樣嗎？面對不喜歡的東西時，我一樣想逃避，或者不盡力去做。我反問自己，難道我真的每一件事就全力以赴，做到最好？我們尊重子女是一個獨立個體，想到若我們處於同樣環境時，或許跟他們所做的一樣，未必如自己想像的完美。透過這些反省，父母可以對子女多一點諒解。

我這樣想不是要為他找藉口，只想平衡自己的心態。當我們斥責孩子時，若然懂得諒解他，那麼我們起碼不會意氣用事，把情緒發泄到他身上。有時混合了情緒，責罵的態度亦隨之惡劣，遠遠嚴重過小孩子所犯的錯誤，當嘗試代入他的角色時，父母雖然仍會責罵孩子，但殺傷力會減少。不是他錯十次，我容忍十次；而是雖然他犯錯十次，但我有一、兩次選擇放他一馬，讓他思想為什麼爸爸會這樣。這是給予他犯錯的空間。

孩子「說謊」分析

阿仔一年級時，我們首次發現他講大話。那時他要參加三級鋼琴考試，在家不停練習幾首考試樂曲，但卻偷偷放棄練習其中一首難度較高的曲子。由於我跟太太都不懂彈鋼琴，所以事前一直沒有發現，直至考試那天，太太帶他去考試的時候，終於穿幫。

許多時小孩子為了逃避困難，就左瞞右瞞，卻沒想清楚最後一定會給揭發。當我問他為何要跟我們撒謊時，他說：「因為我知道你們很愛我，要是我說真話，你們一定會不開心，所以我才講大話。」

這個答案是我始料不及的，到底這個解釋孰真孰假，我無法知道。我思前想後，不得不跟太太討論「何謂講大話」。什麼才算是「大話」？沒有說「真話」就是大話？隱瞞算不算說謊？生活中、人際相處間不都是充滿避重就輕、並非事實之全部的話嗎？我們不是會因想逃避一些麻煩而不說真話嗎？任何的逃避都算是一種謊言嗎？若我假設追求快樂、逃避困難是每個人與生俱來的天性，那麼講大話就是一件很普通而自然的事。沒有人敢斷言自己不曾說謊，人人都曾說出

不真實，或是誇大，或是避重就輕的説話。

有人説，「大話」就是「不真的事情」，可是這解釋對嗎？撒謊跟動機有關？成年人有計劃地為了某種利益或動機去説「不真」的事情，這是大話，可一個那麼小的孩子，會有這樣清晰的動機、處心積慮去騙人嗎？到底他是否知道自己在講大話？還是純粹為了逃避困難？等於人遇上危險，自然會躲開一樣？我們到底要怎樣教導孩子，才能讓他們明白什麼是講大話呢？

在我的角度，講大話就是説謊者能辨清事情的真偽，但依然有意識地誤導他人。我無法查探只有五、六歲的阿仔是純粹逃避困難，抑或有意識地作假，但我提醒自己不要為他找尋藉口。當我把這想法跟太太討論，她依舊覺得我只是想為孩子找藉口，但那的確是我的疑問。

縱然我有疑問，並不代表父母可以輕率處理子女説謊的事。一般而言，我會拉阿仔去房間單獨傾談。進到房間以後，我站着，他也站着，然後跟他談道理。我希望他真的明白，然後承認自己的過錯，我亦會打他的手掌以示懲罰，但亦會跟他説：「我很愛你」，好讓他知道爸爸的責罰不是出於一時意氣，而是為了他的好處。

偷錢的背後

太太向來有存放少量現金於衣櫃的習慣，以備不時之需。有天她點算時，發現金額少了一些。我們直覺是阿仔偷的，但當時已經是晚上十時多，他已爬上牀。我們猶疑是否要馬上處理。

那刻心中不無掙扎，一方面懷疑他，一方面又不希望是他；一方面想留待明早才處理，一方面又想立即問個明白。為人父母對這些進退兩難的處境，應不陌生了。

不過做父母的往往都很心急，想儘快控制每件事，包括孩子的一切，「趕快吃飯」、「趕快做功課」、「趕快練琴」……潛台詞是「趕快受我控制」，滿足心中的控制慾。有時父母內心的不平靜，連自己都控制不了。

最後，我還是把阿仔叫醒了。他雖然一臉無奈，卻直認不諱。原來他偷錢，是為了買禮物給同學。那時阿仔十二歲，剛轉到一所國際學校，成為中學生，要適應新環境、新人事，他以為送禮可以建立友誼，便在家順手牽羊了。

我們並沒有責備他，只是想了解他偷錢的動機，然後設

法解釋為何不該偷錢，以及交朋友不必透過送禮等等。其實我不知道他能理解多少，正如我們做父母的，其實也不盡了解孩子的心思和壓力。

當我回憶這件事，不是想告訴父母如何處理孩子偷錢，只是藉此反省自己的心急，也想勉勵父母，必須反省自己的動機，承認自己內心有份「驅使」（urge），渴望迅速解決所有問題。這可能是出於愛，也可能想情況受控，又或者兩種因素兼備。

我覺得做父母心急是有幾個不同的層次的。第一是性格，這恐怕是香港人的集體毛病；第二是社會節奏急促，要求多快好，甚至把成就與工作速度掛鉤；第三是父母都疼愛子女，完全不希望他們犯錯，即使只是一些雞毛蒜皮的小事，已心急要糾正他們。而父母也有種「想多了」的思想模式，很容易把事情無限放大：小時候偷錢，將來他一定會成為小偷，被警察拘捕，然後坐監，我們則要定時定候去探望他……

希望父母緊記，我們的孩子是一個人，不是一個物件。父母有時看不過眼便出聲出手，很想立刻收效，多數過火。父母應該留意自己的情緒的變化，內省那是為了滿足自己，還是真能收管教之效。

人的成長是透過不斷的抉擇，在抉擇中學習。不只是子女，父母也如是，例如這次子女做錯，我應該罵他？打他？還是什麼？這些都是抉擇。雖然有時我們會選錯，但抉擇為我們帶來思考，幫助我們更了解自己，都是成長的必經階段。

每天的矛盾

我在這本書經常提及教養孩子像場鬥爭，表面是跟他們鬥智鬥力，實際卻是跟自己鬥——該批准嗎？這樣做對嗎？

年輕時，我覺得做父親只要有愛心、有耐性、講道理，自能把孩子教好。但自己當上父親後，就發覺一點也不簡單。我察覺內心常常面對一種矛盾和張力，當孩子有困難時，到底該幫他做（helping him）？還是讓他自己做（letting him）才是？

檢視之後，一般來說，我有 45% 的情況下會幫他做，55% 是讓他去做，當然個別情況會有例外。阿仔能獨立完成一件事情，我會開心一點。例如孩子做功課，我希望那些分數是他自己獲取的。惟有如此，那種能力才永屬於他，無論他去到哪兒都不會離他而去。我幫他只能解決當下的困難，並不能保證未來。於我來說，自學一定是最好的學習方法，那樣他才知道自己需要的是什麼、明白與不明白什麼；別人幫了你，反會使你誤以為自己「明白」了。

所以我發覺當父親的，不單是去愛、去支持、去解釋，

更要坦白面對自己內心那種張力；知道自己的需要和限制，透過理性和感性去明白下一代，而又能真心去愛他們。

雖然我投身教育界已經有一段時間，教很多學生，許多人都以為我對教育青年人有獨到心得；事實上我回家對着兒子有時會束手無策，像一般父母。

教子與教學生最大的分別，就是教子時，我的自我反省密度較高，骨肉之親的確使我感受更複雜。但對學生，縱然我也會反省，但因感情未算太強烈，的確會使我的看待和處理有所不同。面對學生，我當然也有感情有情緒，但的確不如對阿仔的感情更深入。

阿仔其實是一本書，教了我很多人生的學問。若我沒有當爸爸，可能照常做校長做老師，也沒有什麼難度。但阿仔教我自我反省，因為他一定比其他人對我的衝擊更深入更徹底，更能動搖我的本性，深刻刺痛我的感受。

父母的內心旅程

孩子還小的時候，什麼都由我們作主；孩子變身少年人，我們開始覺得事事不對勁，因為他們不再「聽話」。想深一層，那只不過是一個正常現象，「唔聽話」代表子女正在成長，每天都進入新階段。他們已經是另一種人，就會有另一種思想，想尋找自我及與他人的界線；況且「他」不是「你」，彼此出現矛盾是在所難免的，可惜父母不是這樣想。

我自覺為父的，就當義無反顧地保護孩子、教導孩子，矛盾因此而出現，並且頻率愈來愈高。無論他一舉手、一投足、一個眼神，都會觸動我的神經，我只能不斷提醒自己要忍、忍、忍。那並不代表我不理會他，而是給予自己一個空間，好了解自己內心的狀態：到底我是在教他，還是在發脾氣？我是愛他，還是愛自己？我是在宣泄情緒，還是在講道理？要清楚分辨其實殊不容易，尤其是素常甚少留意自己情緒及思想的人，更覺棘手。於是許多父母都想找到一道簡單的方程式（program）把問題解決掉。正所謂「教無定法」，孩子每個都那麼獨特，哪會有放諸四海皆準的方法呢？

但我卻相信有心法——任何事的起點在於心，我是否醒覺自己的狀態？我有沒有好好培養和操練這份敏鋭？

《聖經・箴言》4 章 23 節：「你要保守你心，勝過保守一切；因為一生的果效，是由心發出。」這話一矢中的。若平日沒好好打掃內心，一旦碰壁，要不大發雷霆，要不就無奈地由他去吧。

這是一趟心靈的內程（inward journey），我們不但要與孩子同行，自己也要蜕變，與孩子一起成長，父母千萬別以為自己已長大了、完全了。人生有許多過渡階段，我們都不斷改變。若你以為自己早已定型，跟自己所思所感不同就無法容忍，那就錯失許多「退一步海闊天空」的可能性。到了我們的年紀，其實仍有權得到更多成長的機會和經歷，體會更豐盛的人生，看到更多真實生命的多面向和深度。那時，你必然讚歎不已。

自我的操練

許多人喜歡藉閱讀或聽別人的分享，掌握教養孩子的方法。別人的方法固然很有參考價值，但那只是一個大方向，而不能視之為不變的金科玉律，依樣畫葫蘆。

以我個人經驗，父母還得學會「向內望」，經常自我反省、認識自己。孩子總有無盡問題，倘若父母隨時搪塞一個答案，他們可能不會知道孰真孰假，但孩子都是心水清的，懂辨別你的誠意。

什麼是「向內望」呢？就是嘗試留心自己的思想、觸摸自己內心的感受；你不一定完全把握，但起碼不要忽視它。有人稱它為「心眼」、「內在世界」、「價值觀」、「思想模式」，管它叫什麼都好，都是指出我們內心有一個真正的自己。你對它會不會感到很陌生？跟陌生人建立關係，尚且要付出時間，何況跟內心真正的自己建立關係，更要多交談、安靜下來聽聽他在說什麼，給他機會回應，也告訴他你的感受。我相信這樣才能讓我們認識自己更多。

有一段日子，我同一時間遇上一大堆家庭大小事：爸爸患重病、媽媽離世、新婚階段，與太太在磨合當中，還要加上婆婆搬家，喜事、悲事、困難事接連發生，使人情緒窘迫。我當時走上突破輔導中心，不是尋求輔導，而是跟資深輔導員詹維明（Ruth）上成長課程。課程中 Ruth 教導我們要辨認自己的情緒，以及尋索背後的原因，不要累積了情緒就拿身邊人來發泄。在辨認和察覺情緒方面，我當時並非很有意識操練，只是有一點認知。但修課後發現真的有這樣的需要，之後我就操練。在教書的日子、在比賽的日子，還有做很多不同的事時，我都操練察覺情緒，尋索原由。

在籃球比賽時，誰會叫得最激動？不是球員，是教練！有些教練甚至較賽場上的球員更緊張，粗口橫飛。不過教練在球場邊大叫大嚷，球員很多時候未必真的聽到，他們會以為叫聲來自啦啦隊。帶學校的籃球隊比賽時，我感到自己情緒激動，恐怕要失控，便會獨自走出去，讓自己抽離比賽現場一陣，或者祈禱，或學習堅定自己對上帝的信心，待自己平靜下來，才能回到賽場，繼續帶學生比賽。這是我操練自我覺察（self-awareness）。

做父母自我覺察是重要的，這個自我認識的過程，愈早醒覺愈好。這也是對生命的誠意，孩子是感受得到的。

祕笈二　百忍成金

教子心法大公開

子女的所作所為總會氣壞父母，**戒急用忍**是父母的必修科。忍一忍，給自己空間思前想後。我思想常處於矛盾中，左右搖擺，是想透過**不斷內省，調整自己的心態**，我相信這樣我會比較容易接近真理，在教養時更準繩。如果一個人永遠以為「我是對」的，他說的話便是真理，會使自己、使孩子都失去了成長的空間。

教子
祕笈二

期望與失望、教與不教、干涉與袖手旁觀，

練成一對**收放自如**的爸爸手。

孩子壓力爆煲

阿仔年幼時，我們做父母的，自問已任他自由發展，但卻不知道原來阿仔仍感到父母給他很大壓力。

阿仔七、八歲的時候，每晚晚飯以後，太太都會替他檢查功課，我一般都不會參與其中，而是專心處理自己的事務。

這一晚太太如常跟他完成所有功課，然後讓他上牀睡覺。太太剛踏入浴室，我忽爾聽到一陣哭聲，是阿仔哭訴：「嗚嗚⋯⋯我好大壓力，我忍了你們很久⋯⋯」面對這個忽然哭哭啼啼的小朋友，我原以為太太將會罵他一頓「你有幾大壓力？」但感謝太太的溫柔忍耐。她不但沒有半點不耐煩，反而上前安慰、鼓勵他，告訴他我們很愛他，叫他「不如先睡覺」，撫平他的情緒以後便幫他蓋被。

我不知如何形容自己的感受，平日比較硬朗的太太，以一種我沒想過的方法接納阿仔，她不但沒有責備，沒有否定他當時所思所想，更加沒有與他爭論究竟誰忍誰、誰比較辛苦的問題，只是認同他的感受，使我不得不感激太太當時的回應。

我們心底縱或對他有所期望，倒從不會加諸任何壓力，我也不察覺曾給予他任何壓力。成績怎樣我們都很看得開，只想他無拘無束地學習，小小年紀的他怎麼會説這話？

沒想到他説的壓力來自父母，爸媽都是校長，他覺得兩個人都很了不起！媽媽從前唸書很棒，還讀了碩士；爸爸很有名氣，去到哪裏都有人跟他打招呼。他認為自己將來的成就一定比不上爸爸媽媽，所以壓力很大。原來他腦海已有很多想法，只是從來不宣之於口。原本在成人角度看似是一件瑣碎的事情，在一個小孩子的心中卻藏着很多負面感受。

我從沒想過我倆的能力、社會地位，甚至我們的存在，已為阿仔帶來那麼大的心理威脅和壓力。當年我們的父母沒幾個有機會唸中學，所以我們這一代，無論是學業、成就都很容易超越父輩；經濟方面，我們這代大多有自己的房子，生活無憂，成為社會的中產階級。中產階級家庭成長的子女，很擔心自己的發展、前途不如父母。若他們要再超越我們的話，起碼要大學畢業，加上特別的成就。這一切無形間都造成子女的壓力——擔心日後的生活不及我們。

現時社會整體的教育水平遠遠高於我們年輕的時候。從前可以入學已經是一種幸福，但是這一代大學畢業亦只是取了入場券，對前途毫無保證。父母必須接受現實，理解時代不同了，兩代成長背景，甚至整個思維模式也有差異，子女要超越我們這代父母的成就殊不容易。

學習放手，這是父母與子女都要學習的功課，但起點應該由父母開始。比較而來的壓力會破壞人的自信，因人人不同，不能比較。父母要子女不再與人比較，不用給自己太大壓力，這些事易說難行，所以父母更應為子女作榜樣。如果連父母都不去反省，也控制不了自己的期望和感受，子女只會更加困難。子女也要停止比較，不要強迫自己超越父母，而我只能常提醒自己，應該怎樣設定對孩子的期望，亦要看清他真實的能力與長處，恐怕過度的期望為子女帶來壓力。

像我不好嗎？

有時候望向阿仔，我不禁覺得他有意無意之間學像我，但這也是不少父母的期望吧 —— 希望子女像自己。雖然我不是特別喜歡攝影，但在學校我負責教導學生攝影、剪片；在這方面，阿仔現在已經青出於藍，在學校或教會都製作了不少作品。當我看見他朝我擅長的方面發展，我很為他感恩。

我對化學情有獨鍾。有一次，在網絡上看見一份資料豐富的化學元素表，沒有因由地把它列印出來送給那時只九、十歲的阿仔。他從我手上接到那元素表以後，珍而重之地把它置於書桌的玻璃下，開始逕自背誦當中的元素。

那時候他成功背誦當中九十幾種元素，經常拉着我要我出題考問他，哪種元素在哪種之後等等。當他把那些元素逐一背出的時候，我心中不禁泛起一陣興奮。看見子女跟自己有着同一興趣，甚至更勝於自己的時候，那種感覺是難以言喻。

雖然父母希望子女像自己，但我們也得明白，他們根本不用跟我們玩同樣的活動、喜歡同款的事物、唸同一科目，

而是更應該找一條屬於自己獨特的路，就像從前的土氣標語一樣，'If you love someone, set them free.' 或許，最終回看，他們還是跟我們相似，但是過程卻未必如我們所預料。父母倒不如希望他們成為自己。我們當父母，可有一份胸襟，培育孩子不盲從自己，讓他們超越（grow out of）自己的模樣？

父母要在期望上合理，就不能以自己為中心，當然也不要完全以子女為中心，信仰在這兩種中成為出路，讓上帝在我們和子女的生命作工，成就祂想父母與子女共同成就的事。

教仔如歷奇訓練

阿仔差不多一個月大，有一次正生書院家長日，恰巧太太又要回校開會。幼兒一個，家裏無人。我建議：「我帶埋阿仔一齊去家長日。」於是我首次帶他入正生。

正生位處大嶼山，舟車勞頓，但在整個交通過程，我放他在我的大褸裏面時，阿仔又乖又合作，全程熟睡。到達正生，地點荒僻，蚊蟲滋生，我發現阿仔不似一般小孩子，忌蚊叮蟲咬；他的皮膚不會紅腫，沒有敏感，能適應環境。有時帶他外出，我「大頭蝦」，帶不夠尿片，他尿尿了，也沒有影響皮膚。我感到這些特質是上帝特別給阿仔的。

我把帶小孩當成一個實驗，或者一次歷奇，你不會知他能適應什麼，不適應什麼，直至你試過了、做得到，才會知曉。有人覺得我太冒險、太大膽，替我擔心，擔心阿仔的皮膚、身體，甚至健康，幾百個擔心項目，他們責難我竟帶阿仔走到那麼遠，而他那時又那麼幼小、柔弱。

我也不曉得，是我大膽冒險使他適應了，還是他天生適應力特強，接着我也就大起膽子來。這問題，我永遠不會有

答案。

有時教養子女，父母就是憑着信心踏出一步，我們當然會怕犯錯，恨錯難返。但為人父母，有時候要學習不要怕出錯、怕麻煩，生命本來就充滿了冒險、出錯、麻煩，一切都避無可避。如何管教是最困難，因為我們都是人，能力有限、所知有限，什麼對真的孩子好，我們也不敢說。我沒有什麼必勝方法，只有把最後結果交託給神，所以我常說若父母沒有信仰，要放手也無從交託。

孩子快樂從何來

當阿仔四、五歲的時候，他很喜歡跟着我一同去講道、打籃球。若然場合許可，我儘量都會帶上他。曾有一個星期天，阿仔跟着我帶學生去長洲參加生命盃籃球賽。

每次帶他與正生學生相處，他的印象都是正面的。小時候他經常跟我去正生。他覺得跟我一起坐船很開心，可以看海。小孩子最渴望跟人玩，在正生，有很多哥哥跟他玩，大家覺得他得意，會逗他給他東西吃，阿仔跟他們玩得很開心。

比賽完結時已是黃昏，離開途中，他忽然看着我說：「爸爸，今天是我最快樂的一天。」「為什麼？」我看着眼前這個小伙子問。「因為長洲沒有車，我可以周圍走。」他笑着回答我。細問之下，我才知道當我比賽的時候，他跟着一班哥哥姐姐在附近周圍逛，玩得不亦樂乎。

我相信每個小朋友的需要都很簡單，只需別人的陪伴便能開心一整天。其實，小朋友真正需要的不是大人認為的物質，而是一個個不同的機會，因為從不同的機會中，他們能真正了解自己喜歡什麼。

現在，很多人跟我說阿仔是一個很獨立的人，我相信這與他小時候得着很多不同的機會有關。

很多父母喜歡製造機會給子女，對待子女的人生像是城市規劃，處處都有定準，不容許出現什麼問題。雖然給予子女空間成長是存在風險，但我們要學懂放手，無謂經常擔心將來，後悔過去，卻不懂得擁抱今天。

沒有意外才意外

2001 年，阿仔五歲，剛學懂踏單車，我們便帶他去馬鞍山、石門附近的單車公園。

單車公園內，有一段單車路置於天橋底部，是一個向下的斜坡。我與太太在附近替他拍照，怎料，他一不留神連人帶車撞向欄杆，整個人頓時倒在草地上，鞋也掉在附近。

當我看見他撞車的時候不禁有點擔心，但我與太太一直有默契。無論他遇上什麼意外，我們不會緊張兮兮地跑去，而是慢慢行去，不想把事情過分誇大。這要使他知道，跌倒是人生平常事。事實上，很多次不消一會他又沒有什麼大礙。

不過阿仔長大後，每見我們這樣鎮定，他都不滿道：「為何你們不着緊我？」

但當太太替他塗藥膏時，他又覺得不耐煩。

回想阿仔的成長路上，他都有幾次受傷，縫針也試過兩次。他曾在街上亂跑弄傷下巴，自己在家玩耍時撞爆眼角，甚至有一次他跟朋友玩得忘形，跑得太快而撞向玻璃。他的

朋友立刻聯絡我，我趕到鴨脷洲看他，那時他因頭頂受傷準備縫上幾針。

小孩的成長中一定不乏意外，但意外同時能表現小孩堅強和勇敢的性格，亦能教他們認識生命的深度。我相信，沒有意外的人生才真是意外。

放手時機

當阿仔九歲時，有一次他要往港島的姨姨家裏參加生日會。

阿仔要求讓他自行前往，我跟太太衡量過後決定給他嘗試。我們在太子地鐵站的路旁放下他，把手提電話交給他，着他獨自坐地鐵去金鐘。朋友們一聽見這件事頓時吐出一句：「嘩！好得人驚呀！」認為我們任由一個九歲的小朋友獨自過海的做法是難以理解，擔心他或許在地鐵系統之中迷路，或者被人拐走，甚至被人推下路軌。然而那時候的他已經就讀四年級，身上又有手提電話，結果他平安到達。

當阿仔三年級的時候，已經問我們拿家中的鑰匙，請求我們讓他自行放學。從家出發到學校只有五分鐘的路程，但途中需要經過幾條馬路。我跟太太曾為此考慮了一會，最後我們批准了，我們相信給予小孩機會，在成長路上是不可或缺。

在他的成長過程，我和太太並不是任由他自行發展而不作任何干涉，但會放手給他適當的空間，當然這樣的放手

含有一定風險。我曾暗忖如果因為我的決定令他受傷甚至死掉，我應該怎麼辦。經過反復思量，我願意承擔這風險而讓他茁壯成長。

事實上，每當他擁有這樣的機會時，他的表現都非常理想，顯出他的成熟以及處理事情的能力，透過行動建立我們對他的信心。我相信這是相輔相成，我們給予他足夠的機會，他便以行動表現證明，讓我們更加相信他。雖然他外出從來不會撥電話回家，偶爾我傳短訊給他，他都是簡單回應，但是我相信他，與他有否致電回家無關。結果他每次都平安回家，讓我深信他有能力照顧自己，從而加強對他的信心。

如果有父母問，什麼時候放手？我會回答，你先放開，信任他，便知道那是時候。

交託給誰？

阿仔放學回家，從車站步行回家途中需要經過一條馬路。他就讀國際學校八年級的時候，有次如常放學後於學校附近乘小巴回家，當他瞧見交通燈燈號由紅轉為綠，便踏出一步準備橫過馬路，忽爾一架電單車風馳電掣地越過紅燈向他的方向直衝，最後電單車司機發生意外，倒在離他幾呎以外的地方。

雖然他平安無事，但被這突如其來的意外嚇壞，回家以後躲在衣櫃中大哭了一場（躲在衣櫃裏大哭是他從小不開心時的習慣）。

當他心情漸漸平復以後，便致電給媽媽告訴她意外的始末。太太跟我說：「你個仔不應該只看交通燈，應該要看車。」我聽後無奈地笑，她或許說得不錯。但我認為更重要的是，從這件事我體會到成長的危險，因為意外會隨時發生在任何人身上。

有位牧師曾說，我們經常一廂情願以為壞事是偶然，但是我們的態度應該恰恰相反，應該以人生之中不斷有意外為

正常，若能平安渡過一天則要數算主恩。這是一種心態上的轉變，有時管教子女也是一樣。當我們看見子女健康成長時應該感恩，不要以為可以讓他們在溫室中成長，逃避所有困難，更不應一遇到困難時便怨天尤人。我學習把他交託給上帝看顧，這也是對有信仰的父母一種信心考驗。所以我常常說父母如果沒有信耶穌，真的感到很無助，或者很無奈。

我相信我願意給他機會，信仰是當中很重要的推動力。我深信上帝愛他比我愛他更多，並且在一切事情上都會看顧他。

出夜街

2011 年的聖誕節，我和太太去了印尼旅行。

回到家，阿仔説當我們外遊期間，他曾跟朋友出夜街。那班朋友晚上來到我們家，一直玩到凌晨二、三時，然後一羣人外出初嚐「出夜街」的滋味。對他來説跟朋友於深夜的街上遊走是幸福的，他遇上的每一件事都是新鮮而刺激。他甚至對一羣人在街上耍太極都感到有趣，聽起來這或許是接近破曉時分的事。

當他侃侃而談的時候，我很感恩我與太太只是默默留心地聽他的分享，沒有作任何特別的反應。事實上他對出夜街流露出無限嚮往，這是正常不過的事，青年人當然渴望成長，透過不同行為模仿成人。我年幼時也曾與朋友聯羣結隊，去搵錢、去看午夜場、深宵去行街去玩，或者我的領導才能是這樣訓練出來的。回想起來從前的我跟現在的他本質上根本無異。

對於出夜街，成人首先擔心的是安全問題，晚上在街上流連會否遇上什麼危險，但事情的關鍵並非他能否跟朋友一

同出夜街。在他的角度而言，出夜街不在於形式，也與在街上無憂無慮地遊走無關，而在於出夜街這個行為的意義，這代表他獨立了、成熟了，更重要的是一種對成長的肯定。出夜街，使他感到自己長大，開始有自己的生活。

後來農曆新年前，他又跟朋友去夜街。他現在已經不喜歡跟我們外出，有時跟我們出街甚至感到不太耐煩。一次我跟太太旅行回來，他跟我們説，很習慣一個人在家的日子。

我當然為他平安而感到高興，但像從前所説，每一個人的成長都是一場的冒險，我們曾經經歷這一段時間，嚐過當中的一切，現在輪到阿仔經歷這伴隨成長與冒險而來的樂與怒。

讓他管理自己

有一天，阿仔在房間一邊播着 YouTube，一邊做 Lab Report，電腦上分別同時開着不同的程式，亦登入了 Skype 與 facebook。太太當然看不過眼，我有時候會替太太打一支「預防針」，作心理準備，便滑頭地說：「其實阿仔都是預備將來投身社會吧！世界要求的是 multi-tasking，將來要一邊開着視像會議，一邊處理其他工作，很平常不過嘛！而且，隨着全球化現象愈盛，現在不少工作需要與歐美通訊，到時要捱夜啊！那麼，他現在養成過早睡覺的習慣也未必是好事，是吧？」

阿仔小時候，太太不想他經常上網，把電腦放在客廳，而且設有時計倒數。每次剩餘十五分鐘時，螢幕自動在旁開始倒數。他看見那計時器，立刻致電給我，要求我給他密碼，把時間延長（當然之後我會另設密碼）。我會檢查他的電腦歷史，藉此監管他上網的內容。現在電腦從客廳搬入他的房間，不可再設有這樣的措施，而且我們也不想他為此試圖偷密碼。其實他把自己關在房，要做什麼，誰管得了！

他曾經有幾星期去了我朋友的家短住，那裏可以玩至通宵達旦。他和朋友的孩子，暑假期間凌晨四時還未睡，自此，阿仔在假期時，也會很晚才睡。有時候，我不是想放任他，但現實上管制不容易，因他覺得那是他的空間，我無從插手。

近兩年我們學習慢慢放手，而他亦開始追求自己的生活和風格，會打機、愛出夜街。房間是他自家的天地，他愛hea，不愛執房，吃完的薯片便把包裝袋埋在房中，像極一個垃圾堆填區。我有時進去見到，跟他嘮叨幾句説，「如果你不想阿媽出聲，有時間便執拾一下。」不過，我會打游擊戰，説一句便住口，不會長氣。

我發覺阿仔長大，懂得自我調節。他在學校的成績不錯，早上都是他自己設定鬧鐘起牀等等，從這些生活中的小節，他表現他整體的成熟度，讓我們不需為他操心，容讓他學習管理自己的生命。走到這一步，談何容易，很多時候我希望他跟着我的方法，但我也會跟自己説：「他的方法與我們一直的方法有所不同，但不代表他的方法一定是錯。」

教育神經

阿仔升到國際學校的十、十一班，開始用心讀書，認真做功課，我感到欣慰。

「終於等到這一天！」當我看見這一幕的時候，我跟太太說。他到今天才有功課嗎？不是，是以前完全不似在做功課，像無所事事，然後又升高一班。

有次看着他明明在房認真做功課，誰知他忽然走出房，在我面前，嘰哩咕嚕地說了一大堆「關於物理的」，我還未來得及理解，他拋下一句又回房了。我追問他：「有什麼不懂嗎？」但他竟轉頭說：「唔好煩我！」後來，當我細想，阿仔只是想複述一次內容，澄清觀念而不為求助。不禁暗忖：「由他啦，等他自己搞。」

有時我想，若由我教是否對他最好呢？抑或我不教，任他自學才叫好呢？但這個「好」可能是我心裏面的主觀感受。當然我不想他犯錯學錯，當父母的自然以為由我們親自傳授，可以有效幫助他們，任由他們自己摸索，豈不是任憑他們犯錯？不錯，我們會告訴自己，「他錯得多先至明」，但

我們又擔心「錯得多都未必明」。父母總是活在這些互相矛盾的想法中，不想完全放手，以免出現負面後果。但如果把這責任假手於我們，兒女是否真的學會呢？如果他能自學，自行解決問題，不是更理想嗎？

我偶爾產生一個想法，如果他不懂而我又不教他，他或許填上一個錯誤的答案。我能否容讓他有錯誤的空間？在他這十多年讀書的時間，我跟太太採取的態度就是讓他自己去做，透過這過程他所得的分數便是他能力的證明，而不是夾雜我們幫他的那部分。我們幫他當然不是什麼問題，而成績單上也會印着值得鼓舞的結果，然而他得到的知識相對上亦因我們的介入而減少。

父母會很矛盾，一方面想他看到做錯決定的後果，但另一方面我跟太太也會擔心會否過於冒險。我們站在兩代中間，當然會自圓其說，人生就是有獎有罰，但這些可能是我們一廂情願的想法，父母往往忽略孩子有自己的需要，忘了給他們成長的機會。

父母的拉扯

阿仔計劃在大學主修醫科，所以他要在網上修讀一科化學。在網上修讀課程，我們最擔心是他不夠自律。他原要在八月開始修讀，但一個月兩個月三個月過去，他了無動靜，我們提醒他，他只說：「得啦……」我們心急了，有時候太太問，他有沒有交功課，如果不及格就要重修，他一聽就不耐煩。

他這種「獨立」，也是我夫婦倆一手做成的。我一直任憑他這樣自習，太太也是受了我的影響。他因不喜歡學校的老師，所以透過網上修讀。很多家長會認為這種做法不夠正面，雖然他不喜歡那老師，但也要學習面對那一科。在這方面我和太太再進一步考慮，要給孩子成長的空間。

父母信任他，給予他空間，容讓他選擇。其實太太很擔心，但我認為如果他科科都考得高分，一科不及格也沒有什麼大不了。

我暗地裏推動阿仔去修課，另一面又會游説太太，容讓孩子從錯誤中學習，如果他現在讀書科科都取好成績，長大

以後就不會明白為什麼有人讀書不及格。同時我跟太太也有共識，以後不再提「化學」二字，太太答應了，但轉頭又繼續勸說阿仔。我們就是在放手與監督間拉拉扯扯。

事實上阿仔最近一次考試的結果頗理想，根本不用家長操心。我心中又不禁問自己，是否「成績好」等於容許他讀書的方法？有人說我想得太多，但反復思量就是我的習慣。

不過，我相信縱然過程中未必如我們所期望，但都沒有什麼大不了。如果他最後不能修讀醫科，這都是他自身的問題。說實話，以他現在的成績，即使落選了醫科也能入讀其他科。或者他可以先讀完第一個學位，才選擇再讀醫科。或者他上網學習，最後若然證實行不通，但至少他能發現自己的短處，成績不佳也可以有很多出路吧。

食夜宵的腦交戰

這兩三年來，每逢晚上阿仔都叫我幫忙買東西吃。他正值發育期，想多吃點東西，我當然樂意做外賣伙計，但我知道他因不喜歡吃晚飯，到晚上餓了才嚷着吃夜宵。我真的覺得父母很為難！如果我沒錢買夜宵給他就毋須煩惱了，但事實上，我有足夠金錢買夜宵給他，也想滿足他，享受與兒子的愉快關係。同時，我也很想教他珍惜食物、不偏食和注重健康。

於是太太向他説教，説食夜宵對身體不好，太夜吃東西難以消化。雖然她有板有眼説一就一，但阿仔偏偏能以一千個理由反駁。他認為媽媽説的沒有科學證據，況且他都不打算立刻睡覺，玩上半天才睡覺哪須擔心不夠時間消化呢？媽媽的教導對他來説是耳邊風。我惟一的折衷是定下最後落單時間，晚上九時半以後就不許再要夜宵。其實我都想不通該怎樣教他，該在什麼地方堅持？

我會讓阿仔打機至很晚，但我又規定正生的孩子必須早睡，然後早上六時半起牀，就算年初一亦沒有例外。我時常

思考自己在教育正生學生和兒子時有何異同，為何這樣，因為霞澗（正生宿舍）的學生與阿仔年紀相若，但身處不同階段？阿仔經過了一個嚴格管教的階段，學習規條和界線，所以現在可以進入較放鬆的階段，就像成人放假時偶然會睡至中午。霞澗的學生是受訓中，小時候沒有學習紀律，讀書成績差，是因不負責任，晚晚打機翌日不上學。所以現在就要學習受規管。成長時沒有打穩的根基，就要在正生接受訓練和管理。他們離開正生之後，當然不用再依照這類規矩，可以有自己的時間表。

正生孩子過集體生活，的確要嚴格，但個別孩子的處理，就需要更多空間了。在集體生活中，容讓太多個別空間，人會因良性或非良性互動互相影響，而影響又以非良性居多，譬如容許一些學生打機到深夜，另一些不准，他們互相影響，容易出事。在正生的學校宿舍，只有三個老師管幾十個孩子，一個出亂子，全羣受影響。不過論到個別孩子，兩夫婦教一個，給孩子再多的空間和自由，父母也控制自如。可見在集體與個別教導中，必然存在分歧。

其實我留意到自己在教養阿仔時，會猶疑、擔心自己是否太鬆太緊？但訓練正生孩子時，落墨必定從不猶疑。我知道在處理上是有分別的，這源於感情上有矛盾。這是很天然的道理，有家長說若罰孩子不能看電視，結果連自己也一起受罰，心中很不願意。罰學生，是他們在受罰，就算老師陪學生一同受罰，也能冷靜面對，想法和規例自然清楚多了。我贊成古人之說，易子而教，罰自己孩子容易感情用事，罰人家的孩子，落墨一定更準繩。

鬆緊之間

阿仔小時候，我們一直覺得他是乖孩子，生活很有規律，每天下午三時四十五分放學回家，五時做完功課看一會電視，六時媽媽回家檢查功課。我常跟他說：「你小時候很乖嘛。」

怎料他淡然一句 'I didn't have a life.' 他認為什麼事都是我們為他決定，他好像沒有自己的生活。他說放學回家做功課，是因為沒有別的事幹。做完功課才看電視，每次只看半小時，他說只因那時段沒有什麼節目好看。他關上電視，便乖乖地自己一個玩，他的回應是「屋企都無人」。然後待媽媽六時回家便檢查功課、吃飯，九時睡覺。

我們教了他什麼叫責任，他按着做，按規矩的生活，父母以為他很乖。但原來在他的角度，他覺得自己根本沒有生活，很被動、很悶，只不過跟從父母意願，任由我們控制。

記得阿仔曾經反映他不開心，他五、六歲時說出 'I am not foolish!' 當他漸漸長大，面對我們對他的要求，他會「反彈」。有次我教他要負責任，不可以對媽媽態度惡劣，他竟跟

我說：「如果你對我咁多要求，不如要求正生的哥哥先啦。」阿仔在成長的過程中不斷要求 'leave me alone'（不要搞我）。

當他小五時跟隨媽媽到美國，探望當時在修習課程的我。我觀察到阿仔很能適應英語環境，他更大起膽子，獨個兒騎單車由一個鎮到另一個鎮，在空閒時又會自動自覺做功課。看到他的自律，我明白要學習信任孩子，給他空間，所以我們不斷學習放手。當然我給予阿仔空間之餘，也很有要求、有底線的。

由子女離開媽媽，切斷臍帶的那刻，他踏上一條只屬於自己的成長路。我們應該相信一切從放手開始，就像學游泳一樣，不放手的話，他永遠都學不會划水。我們選擇放手以後，只能默默在旁陪着他經歷人生中的難關和轉變。若孩子到了十三、四歲，因為長大，要獨立，我們覺得他們變得反叛，企圖脱離我們的管教，那時父母才漸漸被迫放手，還不如及早放手來得理想。

獨立是目標

阿仔自幼有傭工姐姐照顧，不過我們也會要求他協助家務。阿仔平日喊悶的時候，傭工姐姐會帶他去廚房，教他煮食，所以他早就學會如何燒水、煮麪。雖然他偶而會喊人幫忙煮食物，但總反駁道：「我點會唔識。」現在阿仔上完家政堂，回家以後會取笑同學不懂煮食。他今年更自己弄個年糕回來，味道還不錯。

平日上學，99% 時間是他自己起牀梳洗，不用我們叫他。我不在香港的日子，他不會嚷着説不起牀上學，而是自己早一點起牀預備。

前一陣子，他要去東莞短宣，太太提議他多帶個膠袋去，換來是他一句：「執咗啦。」他短宣的行裝全部親自處理，我們沒有幫過他什麼。

以我對阿仔的了解，我相信他有足夠的自理能力，即使他日放洋讀書也不成問題。我心裏總是覺得當我和太太不在的時候，阿仔的表現比較好，他會更獨立、更主動。所以我常常叮囑自己和各位父母：不要小看孩子。

做父母的，可有思考過養育子女之目的何在？上一代胼手胝足為了養家，讓子女三餐溫飽、有書讀，就大功告成。今天我們已輕易越過這水平，那麼做父母應以什麼為目標呢？上大學？還是使子女快樂成長，做個有獨立能力的人？父母把無知嬰兒照顧成人，無論他長得多大，在我們眼中，他們仍是一無所知的。但隨着孩子長大，要視孩子為獨立的個體就很難。我必須學會肯定對方是一個人，人會自行學習、會反省，然後發展出他自己的一套思想。每想到兒子一旦會獨立，我不禁有點恐懼。這意味着我們會分離，自己是那麼愛他，從小就一起，很不願意他離我遠飛。但我可否依然以「培養孩子獨立」為目標呢？

阿仔的百變志願

兒子小時候愛説長大後要做什麼什麼，每次都會把我和太太嚇了一跳，沒想過小腦瓜會想得那麼深奧。

比較深刻的一次，是他五、六歲左右，突然正經八百地説：「我長大後要做獸醫！」

我想因他自小就愛動物，也喜歡看動物紀錄片，於是我沾沾自喜，自覺培養出個愛心爆棚的小孩來，誰料再問下去，答案竟然是：「因為動物醫死了不用賠錢，責任沒那麼大。」

八、九歲的時候，他説：「我將來要唸心理學。」我暗忖他是想明白自己更多吧，冷不提防他説：「我要控制全人類的思想。」我沒法明白他這想法的來由，是在肥皂劇學來的嗎？我家是很少看電視的，難道是朋輩都這麼説嗎？我實在無法知曉。

到了他十三歲那年，有次只我們倆父子在車子上，他忽然擲下一句：「我真的好享受現在這個年歲！」

「嗄，為什麼？」

「我這個年紀開始有自由，可以約朋友上街，但爸爸媽媽仍會支付一切，又不用懊惱唸大學的事，而且前途問題仍好遙遠，所以是最、最開心的時候吶。」

另外一次，我和他看完天文學的紀錄片，他嚷着要做天文學家，原因是銀河系的星球絕大部分都沒人去過，天文學家講什麼都不會有人質疑，隨便胡謅一下就可以，輕鬆得很。有一小陣子，他對錢很有興趣，説要唸經濟，那就可以賺很多很多錢！

這兩年他長大了一點，認為自己幾乎什麼行業都想通想透，還是要當醫生，醫人那種。我挑戰他：「當律師又如何？」他竟然答：「一定不會，律師都無聊得很，雞毛蒜皮都吹噓一餐。」透過兒子不斷演變的志願，讓我知道無論孩子年紀多小，他都是個會思考的獨立個體，他有自己的想法。

在上帝的眼中，每一個人都有一則屬於自己的藍圖，而這藍圖連父母都不會知道，惟有創造我們的上帝知道。這則藍圖教導他們成長得更像「人」，有獨立的思想，有自己的選擇，走上帝安排的道路，而父母應該思考如何讓子女尋見上帝在他們身上的心意。做父母的一定要學習尊重孩子是個體、是人，我們只能讓他成就上帝在祂身上的生命藍圖。無人可以控制愛子的命運和前路，惟有交託上帝看顧。

望子成龍

我經常說不要對孩子有很多期望，但我必須承認，這不是件容易做到的事。

有一年，阿仔考試獲得好成績，他回家之後把成績表放在桌上，讓我們表揚一番。

第二年，阿仔在派發成績後回家，直接衝入房間，沒有留下什麼在桌上。當他洗澡的時候，我在門外甚至聽到他的哭聲。於是，我小心奕奕地從他的書包拿出成績表偷看。可見我對他的成績仍是滿在意的。

我自問已經不算是對成績很在意的父母，但還是緊張至這種程度，何況其他對孩子滿有期望的父母？

有哪個爸爸不想孩子成才？一次，我和阿仔去一所時裝店買衣服，店員先後三次邀請他去店舖幫手。原來這是公司的政策，要求店員找一些年輕顧客擔任售貨員或是倉務員，而店員也會有獎賞。阿仔一開始不太情願，我便從旁鼓勵他，嘗試去工作，學習獨立，後來才發現必須年滿十七歲才能擔任這些工作，當年他還未夠年齡，事情當然就此告一段

落。不過我心裏還是會沾沾自喜的，因我兒子有人賞識。

有次在開車前我替兒子扣上安全帶，當時他還小，大概八歲吧。那天駕駛途中，我踩了一下緊急煞停，看見安全帶拉着他。為父心癮又勾動那條教導神經，趁機解説什麼叫「牛頓三定律」。過了幾年遇上類似狀況，我問他是否記得此事，他居然還能説出其中兩個定律，當時我滿心歡喜。看，為人父親對子女怎能不抱期望！

我相信我的開心對他來説是一種肯定，同樣能使他感到開心，我對他的期望帶着「愛」。因為「愛」就是願意取悦對方，希望對方開心。與此同時，我提醒自己，不應小看他年輕，認為他依然是當天那個依賴着自己的小伙子，他已經有自己的思想；我亦要學習看到他真實的能力與長處，按實際情況設定對他的期望，恐怕過度的期望為他帶來壓力。

我的籃球情結

我當了四分一世紀的籃球教練，訓練過無數學生，領軍打過許多比賽，也摘下不少冠軍。輸好贏好，我都樂在其中。

孩子才丁點大，還未捧得起一個球，我已有意無意地讓他接觸籃球；三、四歲左右就帶他去球場觀賽，我訓示學生如何作賽時，他總在一旁看着聽着。回家更少不免教他射籃圈、運球傳球，我更在家貼上一個籃球圈，供他玩入籃。

有一次颱風後球場沒有人，我帶了阿仔到那兒玩。那時阿仔小學五年級，正值一個喜歡玩樂的年紀。我教他一種叫 front cross 的籃球技術，即是在防守球員面前拍球兩下，再由右邊轉左邊。

阿仔小時候打球，當所有球員的手都垂下時，只有他一個把手舉起，作了標準的防守動作，防守意識很強。想是我常帶他去接觸籃球，他不知不覺間受感染。他未必知道在成長過程中，他比我更優勝，因為我是個不懂打籃球的籃球教練。

小六時他轉入國際學校唸書，加入校隊，更有機會代表

學校出賽，我幾乎每場比賽都會出席。記得他首場打的是友誼賽，他投入第一個個人入球時，我比任何人還要興奮，至今我仍保存那張珍貴照片，我發現自己心裏十分渴望他熱愛籃球！

可惜，一年後他就放棄了。我試問因由，他都沒說半句，我猜他是沒遇上一位賞識他的教練。其實我一直培訓他，他的防守動作夠標準、有意識，但身形過於瘦削，在搶籃板的肢體碰撞中比較吃虧。至終阿仔沒有加入球隊，坦白說，我是有點失落的。不過，既然孩子不喜歡，我只能暗暗調校個人的期望。不容易呢！

阿仔浸禮的見證會上，我和太太在席上，聽到有個接受浸禮的男孩子，述說自己多麼喜歡打籃球，甚至說籃球影響了他一生！我心中多希望這句話從我兒子口中說出來。我這等父母，常假裝對兒子沒很大期望，說穿了，心底期望很高。

我愛籃球，但孩子卻沒有遇上我一般好的教練，有時人生就是這樣，要學習接納孩子有自己的路，父母不能要求孩子來完成自己的夢想或期望。

哪個父親沒期望

我覺得自己算得上是個開放的爸爸，只要阿仔能做喜歡的事，我不會介意他將來做什麼職業。

近年有些新興的珠寶店招聘不少年輕人當售貨員，但得輪替為客人開門。有天我在中環看見一個年輕人，在珠寶店門口負責開門。眼前這年輕人無論身型外貌都不錯，我不禁撫心自問，要是阿仔做這份工，我介意嗎？理性上我仍會説「不」，但感受上卻得承認「最好不要」。原來我們都有兩個對立、矛盾的層面，這是做父母必須正視的，這種矛盾可以幫助父母面對自己內心真實的價值取向，乃是父母成長的機會。

有時我問自己會否介意兒子的成就，亦即是我是否期望他能有成就。究竟什麼叫「成就」── 我們個人須要有成就嗎？是社會的壓力還是什麼？子女又是否想達致我們的成就呢？一個對自己有期望的父親，怎可能不對孩子有期望？有期望當然沒錯，但背後也有風險 ── 那是合理的、適切的期望嗎？你也許會説：「我哪能知道呢？」也對，不過你若不承認孩子是一個有獨立思想的人，那期望出錯的機會就頗大。

縱然你一直看着他長大，但子女不知不覺地改變得很快很多，多到他們未必能講得清楚；即使他們説了，也可能説錯了，或你誤會他們，裏面有太多變數。總之成長有千萬個可能。

在教養子女的過程當中，信仰是很重要的一環。如果沒有信仰，我們很難從各方面的因素中拿捏準確。我曾聽一位牧師的分享，他提到每個人都要成為「他自己」，要更像「人」。這樣便能清楚了解自己的限制，亦知道如何活在上帝當中。

做父親的不會沒期望，只是有時沒意識到自己把「教孩子」看成一個工作項目，以為孩子代表了自己。你愈重視他，想擁有他的動機就愈強，不覺間你的期望就控制了他。當然孩子未必跟你差異很大，但他始終有自己的獨特性情，他也無可避免地跟你不同。在孩子成長的過程中，你可有容讓他跟你不同嗎？時代轉變，家庭環境容許了他們得到很多我們從前沒有的機會。譬如阿仔想畢業後往歐洲旅行，在我們的年代根本無法想像，但他們現在可以作這樣的選擇。世界上最複雜的事，是上帝給予我們自由意志。每一個人都有選擇，但父母子女可以有許多不同期望。

做父母根本不能對子女沒有期望，因為他們是你骨中之骨，肉中之肉，是身體的一部分。當一個好父親，就是對子女持開放的態度，「放下」對他們的期望。但不是叫父母放棄作任何期望，只是我們要懷一個寬大的期望，就是把他當是一個獨立的人去看待，可以有自己的選擇。如果我們的期望很狹窄，就限制了他們的發展，衝突隨之而來；相反期望愈寬闊，子女成為上帝喜悅的人的機會愈大。

犯錯的空間

有天我看了一部電影，講述一位在 911 事件中罹難的父親的故事。他的兒子患有過度活躍症，但父親很有耐性，用許多引導性方法幫助孩子成長。電影記敘了意外前一次他跟孩子的交談。

父子倆常常玩一個猜謎遊戲，孩子不斷央求父親乾脆告訴他解決問題的方法，說：「如果你沒告訴我什麼是正確的話，我又怎知道自己是否朝正確方向進發呢？」原來孩子不要我們提供答案，我們不過是指路標，指出正確方向，讓他們沿目標去尋找。

但說穿了，我們內心都很怕這種做法，父母最不好受，我怕錯，怕他出錯。但什麼是錯？抑或根本是父母本身出錯？

好些父母覺得既然知道孩子將出錯，何必浪費時間繞圈子，既然可以避免錯誤，就儘量避免。但我卻覺得給孩子犯錯和成長空間是很重要的，這想法或許跟很多家長不太一樣。

我成長的經驗令我學會信任，相信孩子的能力。我在加拿大讀書時，有一次英文考試不及格，老師不但沒有怪責，

反而問：「是否我的試卷太深，以致你不明白，我願意另出一份新的試卷給你。」老師關心的是我能否學會，多於成績。我經驗到成年人對我的信任，然後我建立起能力，得以成長。

回到香港，我在大學擔任研究助理，跟隨一名教授做研究。論文刊出時，教授將我的名字加在其中。我感到被尊重，加上我姓陳，英文名字是C，排名比教授更前呢！

教書的時候，校方把籃球隊交給我，後來球隊奪得九龍區總冠軍；及後學校開設電腦科，校方又把幾個電腦發展項目交到我手。這不是因為我的能力，而是校方對我信任，願意給予我機會，給我成長和犯錯的空間。

正生孩子的年紀與我兒子相若，在正生我們重視空間。我們讓正生學生有選擇的空間，參加不同項目，例如箭隊、籃球隊等。今年女子籃球隊參加了比賽，大敗76:5，成為她們比賽歷史上最懸殊的賽果。我們給予她們的不是成功，而是經歷失敗的空間，經老師解說，教導她們如何從中學習成長，事實上她們面對賽果的態度亦顯得非常成熟。我們的箭隊，有機會去日本比賽，老師會與他們一起學習日文，以前還曾學習西班牙語。其實這與我教阿仔一樣，根據他們不同的能力性向嘗試不同的事情。我們又能否只給方向，放手讓孩子走，容許他們犯錯？容許他們在空間中成長？

我們都在經歷中成長

阿仔兩歲半時，我們帶他去溫哥華旅遊。有人會質疑，阿仔只得兩歲，幹嘛帶他去旅行，但他告訴我們，他記得旅程的點滴。在這次旅程，阿仔人生第一次品嚐三文魚刺身。這個小小的體驗，卻深深影響了他的飲食喜好，他不只愛上吃三文魚刺身，還愛上吃日本佳餚。原來父母為小朋友選取的事物，有時會長遠影響孩子。

那次旅行，我們再下去美國，帶阿仔去了一個地方叫St. Helen，那是一個火山。這個經歷對我來說很震撼，那地方方圓千百萬里，本來長滿參天巨木，但八十年代火山爆發，一下子把整地方夷平了。有些人覺得帶小孩子去這些地方，是浪費金錢。不會的，我們拍了不少照片，照片是以眼見的方式來製造回憶，儲存回憶，有照片重溫，他多少會感受到當時的快樂。

現代家長都愛說「贏在起跑線上」，其實這句話頗好笑，因為他們忘記了人生是一場長跑。在馬拉松的比賽，不少人的起跑位置都比很多非洲選手前，但最後拿獎牌的都是非洲

選手。因他們擅長持久戰。

我相信起首那一步固然對每個人的人生都很重要，不過，有人曾説過，人的成長由自由意志與一些 moment of experiences（經歷的時刻）所組成，兩者互動。在這路上，我們不妨給孩子多一點另類經歷，與他們同行，指出正確的方向；或者指引他們尋找自己的方向。讓他經歷尋找的過程，他才能知道自己懂得什麼，而不需要重複父母給他的答案。正如阿仔兩歲多時我和他一同的經歷，我也不信他記得，但到底他記住了。雖然不是每個有相同經歷的小孩，也有同樣結果，但給孩子經歷的機會仍是很重要的。阿仔不斷累積一些 moment of experiences，自己要學習解讀這些經歷，從中學習成長，而不是由旁人告訴他。

父母應該盡辦法去容讓小朋友發展，但發展有成功，也有失敗，所以結果以外，父母更要了解他們的心態想法，而不是單説規矩；認識不同孩子的特性，有些需要早放手，有些需要遲一點，每個孩子的需要都不同。

教子心法大公開

祕笈三　收放自如

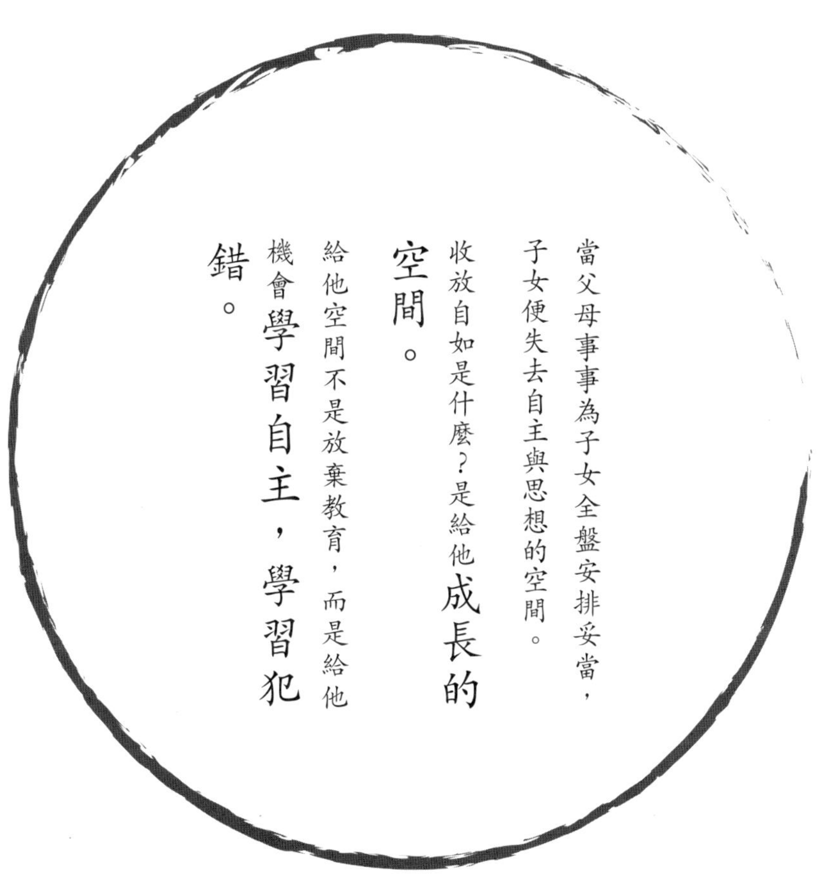

當父母事事為子女全盤安排妥當，子女便失去自主與思想的空間。

收放自如是什麼？是給他**成長的空間**。

給他空間不是放棄教育，而是給他機會**學習自主，學習犯錯**。

教子
祕笈四

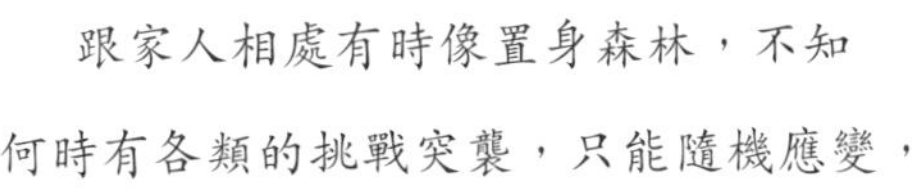

跟家人相處有時像置身森林，不知

何時有各類的挑戰突襲，只能隨機應變，

當個**在家生還者**。

扮溫習？

兒子升上國際學校的十一班，開始唸一些新科目，包括生物、化學、物理等。有天我下班回家，他從房間走出來告訴我：「我在溫習呢。」隨即揚一下手中的生物課本又跑回房間。

雖然只是簡單兩句，但我感到他期待我回家，想我知道他的「近況」，那是相當窩心的。

過不多久，我經過他門口，瞥見他的課本已擱置一旁，目光盯着電腦屏幕。當時我心中生出好幾個想法：

可能一：哈，做完功課，玩一下，鬆弛休息；

可能二：裝模作樣賣口乖，根本不是溫習，說溫習不過是哄老爸開心。

我這樣想，皆因自己從前正是這樣。我年幼時很會裝外表、裝乖裝好，不會表現得反叛。我偷了錢，阿媽想打我，我便裝哭。我會讀書又上教會，父母就當我是乖孩子。我又專拿困難的問題問老師，老師以為我很努力做功課、很上

進。我年幼時很「古惑」，因此我也會猜測阿仔。此念才起，我已馬上自我糾正，為何不投他信任一票？想起他剛才說過一句生物科要小測，就順藤摸瓜的讚他：「你真乖，老爸上了大學才懂備課，那真是事半功倍的。」

雖然我不算是乖孩子，但父母對我的愛很深，保護、供應，望我成才，就算我留級，父母也無責罵，他們對我完全接納，這種清晰的形象，深深影響我。今日我為人父，雖然經常都不太肯定孩子跟我說的是真是假，但我一定選擇用正面的話，以信任的口吻，側面鼓勵他去做，我深信這會有果效。就算今次錯信了，我也對他了解更深。

教養積蓄

相信所有人都知道儲蓄的重要，那是對未來的保障。

阿仔小時候，我曾教他一些傳統的家庭倫理觀念，要尊重父母和表達欣賞等。有一次他做錯事，我要他進我房間，站在一角聽我訓話。我會解釋他究竟做錯了什麼，當時他只是聽着沒作任何反應，我還以為他完全聽我的話、服我的判斷，我已掌握了教養竅門。但當他漸漸長大，已經會反駁：「這些話你已經講了五萬次。」基本原則我仍會教導他，但他開始有自己的一套。

小時候，他會跟我們一起去吃家族晚飯，但現在他覺得爸爸家族還好，跟親人可以談上幾句，媽媽那邊就不像家人，可見他開始建立自己對家人的定義。我覺得在他心中，中國傳統的價值正不斷瓦解，漸漸發展自己的一套。現在的家族晚飯，他儘量都不出席，但有時有些重要的日子我還是要他參與，例如某年的年初三，他不斷說不想去，爭取至最後一刻，我氣得說：「唔去就以後都唔好去！」他只好「死死地氣」去，吃飯的時候，他的表現卻很好，完全判若兩人。

隨年紀漸長，阿仔開始有自己一套。有次我想教導阿仔《聖經》中的道理，跟他說：「《聖經》說，天父會看顧鳥兒。」意思是，也會看顧我們。殊不知他回一句：「我可不是鳥！」我無話可答。

從這件事上，我自己的反省是，孩子小時候容易教，大了就不由你作主；孩子小時候，父母的確要透過身教和言行去傳遞好榜樣，長大以後孩子已經不到父母來教，但過去父母儲下的東西都失掉嗎？不是的，教導子女真是一點一滴累積的，加上我不會八股，而是用閒聊方式深入淺出地分享知識，當發覺他能記着，那份喜悅實難言喻。現在父母重視教導，要不斷計劃如何教導子女，但千萬別小看了每天生活的相處點滴，無心的一點一滴也可以是教導。在他小時候你教了他多少，是在儲蓄，從前的錢箱儲了幾多錢，會在他心中。今時今日，阿仔算是很知分寸，很知界線。或許有賴當日他年幼時，我們管教得嚴，要他受罰，着他守規、迫他讀書。這當然是我回頭看的想法，但最重要的是，今天我們的關係依然很好。

哭在公眾地方

在我記憶當中，阿仔幾乎沒有在街上大哭彆扭。

當他看見什麼想買，他都會向我們提出，但我們都教導他 window shopping，有時候看一下就好，不需要每件喜歡的物品都帶回家。他喜歡火車，有時候我會買幾列送給他，但有時候只是帶他去看火車。他每次都專心地看着，不會嚷着要買。

他惟一一次在公眾場合鬧彆扭，是小時候跟我們一起參加旅行團去珠海，吃飯的時候，他「扭計」了。我們沒有在眾目睽睽下罵他，但我立刻捉他入廁所教訓一頓。

我家的地氈上有個小方格圖案，在近門口處，我把它設定為刑罰區。阿仔年幼時不懂站，我就罰他坐在那兒。到他會站，便在那區罰站。這種罰法，使他知道做事要有分寸，教導他要服從權威，有規有矩。每當他在家中發脾氣，我們就要他站在那兒冷靜自己，讓他習慣面對問題時能有抽離的時間。

在公眾地方，我們不能由他站在一角冷靜，所以我會

先帶他去廁所說幾句。在教訓的時候，我提醒自己不要發脾氣，不能任由自己情緒失控，而是清楚告訴他底線置於哪裏，讓他知道我們對他的要求。

小時候當他做錯事，我會視乎事件的後果而決定會否打手掌、打多少下，例如說謊就打一下，但每次打完之後，我也會跟他說：「爸爸很愛你」。我不能深究阿仔如何解讀父母的行為，會以為我們是精神分裂？還是覺得我真的很愛他？這點我不知道。我能做的，只有確保父子之間有足夠的溝通，讓他了解我們的所作所為都是出於好意，為他着想。若搞不好，恐怕他會以為父母是精神分裂了。

包紮

有一次阿仔在學校扭傷腳，受傷原因我倒忘了。那段日子，我要求他上學以前必須先以繃帶穩定腳踝，以防再觸傷患處。其實他心底很想自己處理所有事情，但基於實際的需要，沒有反對，甚至讓我為他包紮。

我想起以前那種被阿仔需要的感覺。那時候，無論他吃飯、去廁所，還是玩樂都拉着我，我要投放很多時間在他身上，現在這種被需要的情況愈來愈少。這是一種無可避免的成長過程，很多時候這過程在父母不為意的情況下便錯過了。在這幾次簡單的包紮中，我不禁為了這種仍被需要的感覺而有絲絲的愉快。

由於他趕着回學校上課，包紮過程中有時也不自覺地流露出急躁的情緒，言談之間亦顯然缺乏耐性，不斷對我說：「點呀？快啲啦。」聽到這種指揮的話，我除了需要處理自己的情緒外，還要兼顧他的情緒，使大家能繼續在愛中間遊走。

在子女情緒不穩的時候，父母應選擇忍耐，而不是與他們硬拼。有時候，我們得察言觀色，諒解對方當時被情緒主

導，就不要硬把道理塞進他們耳中，倒不如等待雙方冷靜時才逐一分析。

回想我的爸爸，他在我面前沒有豎立什麼父親的威嚴。爸爸在我心中建立的形象，不是嚴父，而是以關愛、關懷包容我們三兄弟。那時爸爸患重病，我依然坐在他的病牀上跟他玩、説笑。現在，當我對着阿仔時，很自然效法了爸爸這一套。

「跟」與「變」

有次我如常當阿仔的「柴可夫（司機）」，接載他與他的朋友。他們在車上談論老師的教學方法，投訴最討厭老師每播五分鐘短片便停下來講解，然後再播，接着再停下就着每一個論點解釋。比起現在的方法，他們更喜歡一次過把片段播完，才聽老師慢慢分析。另一同學更説，他最討厭老師剪接影片，只播放當中某些段落，然後老師自己不停解説，他們根本聽不入耳，只想繼續觀賞。他們期望的是了解整體內容，而不是聽老師點列式教學。青年人期望聽故事，或用故事式的學習模式、敍事式的另類學習，與老師或成年人的教導模式大相逕庭。這根本來自兩代人的意識形態與文化差異。

每個人的成長都脱離不了文化。文化是學習得來的，有不同模式或格式，包括衣着、禮教，但在同一種格式中，也會因人的選擇有出入，有不同的表現。文化不斷在演變，大部分人都隨着它走，當然也有人選擇逆流而上，社會就是這樣進步。文化中有一些潮流樣式，人不一定要依樣畫葫蘆，若然這期的潮流是穿裙子，我們依然可以在裙子內再加一條褲，或者會帶動成另一種潮流。

這個時代的文化發展改變很快很大，文化改變了我們的子女，一代又一代。不少人動輒就説新一代大不如前，但你若細心觀察，年輕一代有不少地方都比我們出色。子女比我們有更多機會接觸音樂、運動、藝術，有更多語言的能力，可是我們老批評他們不行，到底是實況，還是我們不予以機會？我們有沒有在教養的格式中容讓他們自行發揮？在culture pattern（文化格式）和culture performance（文化表現）之中，有多少空間呢？我們容易小看子女，常常以為可以調校他們，倒不如嘗試了解、認識，保持兩代溝通。

「跟」與「變」的角色不斷轉換，循環不息。很多時候，父母會以為自己就是站在最合適的地方，所以要求子女跟着我們，若不跟隨就是「異類」，但其實有些所謂的「異類」，最後都能成為一種主流。父母經常跟子女搏鬥於一些不斷改變的事情上，並不值得，倒不如一起尋找不變的真理。

創造性反叛

我平常教阿仔要向人道謝，有次有人幫了我，我可能年紀大了、反應慢了，未及道謝，他就立刻教訓我。他似乎要監察我，凡事與我比較。孩子的確想藉勝過父母，來肯定自己的存在和價值。

在我們的文化中，往往認為女孩要受呵護，而男孩子則想被瞧得起，做一個有用、頂天立地的男人（to be somebody），這驅使他們不斷測試自己能力的底線，想超越能力上的限制，既會不停嘗試，又會挑戰父母，我們可能會標籤子女為「反叛」，但父母在貼標籤時，能否問得深入一點，小心觀察、仔細聆聽？

有些父母對別人的子女可以很開通，唸什麼科、做何種職業也無所謂，但換了是自己子女，反應則會完全不同。他們一方面嘗試放手（break free），讓子女去闖闖，但另一方面他又不期然想子女做到他們心中所期望的（free to belong）。有時候，父母很矛盾。當子女有自己一套想法，父母一方覺得子女沒想法，無人生目標，不能成熟。情況就似

父母任你畫一幅畫，但他們卻在心中有一個期望，希望最後的製成品能如他們預期。有一次，我們去爸爸的家吃飯。爸爸對太太說雪櫃有可樂，太太回應說不用了，然後爸爸不太高興，最後我知道原來是爸爸想喝可樂。我會覺得奇怪，你說出來不就行嗎？但他們就是想給你猜猜他們的心意。我不禁想，當我面對爸爸的期望，是否也曾反叛過？

大家可有想過子女的反叛可能是他們想創造自己一片天地的開端？成長有不同的需要，其中最需要的，就是自身價值要被人肯定，一方面又想得到他人接納，但又想與別不同。假如父母像太陽，子女只是日光燈；當太陽發出光芒，燈管亮着也不易察覺，惟有後者遠離前者才被看見。父母很想保護子女，照射着他們，如此一來，別人不輕易發現他們，也使他們無法發光；而且我們會阻擋了其視野，令他們難以放遠目光。

究竟父母要怎樣才能協助子女建立自我形象？我認為要平衡 break free 和 free to belong 兩股拉力。子女愛父母，稱他們為爸媽，但他們不屬於父母。人最珍貴是有自由，可作選擇。有時並非父母提供的方法、路向不夠好，但子女也能自己用另一法方法，或者結果會出人意表呢！

短訊密碼

我有時會收到阿仔給我的短訊，起初我摸不着頭腦，什麼 NVM、IDK、143 之類，幸虧有互聯網，我才理解這些火星文代表什麼，例如：143 就是 I Love You，NVM 就是 never mind。短訊成了我們之間一種溝通方法，當然這不是惟一的，我們還會用電郵或 WhatsApp。

今天的新一代幾乎都不打電話了，只愛把想說的話在電腦或手機上傳來傳去；他們對太長的信息已很不耐煩，阿仔說超過四行的文字例必刪除。在這些小方塊中，他們才夠膽表達自己的感受。他們覺得這已是最直接、最精簡、最便捷、最私密的途徑，在不易衝突的處境中保持對話、傳說八卦。

我們上一輩看來，他們老在說些無聊話，也許我們覺得這樣很膚淺，但不得不承認這已經是他們獨特的溝通模式。我覺得這些模式沒有所謂對錯、也並非只有這一種通訊方法，但既然這是現實，我們做父母的，在批判這些溝通方式和內容是否有意義之前，能否往後退一步，把握這些機會，

倒過來讓這些溝通變得有意義？

短訊也可以是父母向子女表達支持和聯繫的途徑。有時候，兩代的時間步伐未必一致，短訊可以彌補當中的距離。當阿仔有事相求的時候，我有時或許正處理其他事務，沒有空間理會他；有時剛好相反，是我想找他但他在忙，這亦會構成衝突。現在，我們多了以短訊溝通，讓彼此都有空間。有時我甚至在客廳傳短訊給在房間的阿仔，叫他出來吃飯（先申報一下：我們絕非住千呎大宅，不過是個小房子）。雖然相差幾步，但這做法是給他有自己的空間，待他完成手上的工作才出來吃飯。

有時我們要從子女的身上，學習如何跟他們溝通相處，認識他們的生活模式。這就是溝通，了解子女想什麼，也讓他們了解我們心所想。這種溝通的背後，不過是尊重，尊重子女有自己的生活，甚至有專屬這一代的生活模式，而父母會設法去了解，認識他們。

夜半哭泣的男生

有天凌晨約兩三時左右，我還在客廳工作，突然聽到阿仔房間傳來一陣陣的飲泣聲，心中大感不妙，能惹哭一個十五歲的小男生，定是失戀無疑。聽到他的哭聲，我趕緊跑到他房門前，心急地馬上叩門、推門立進；當下我理性已知做錯了，但一組動作已經完成，只能繼續下去，問阿仔：「發生什麼事？」他利落地抹去淚痕，裝出堅強的樣子：「無事！」我也識相退場。

有時父母反應太快了，其實我也知這樣直接查問不會奏效，可他是我兒子，心中對他的愛有時多到淹沒理性，不忍心他受任何的苦。在正生目睹朋輩對孩子成長影響深遠，也使我在教子時特別注意。我很留意阿仔的朋友，自然也關心他有否談戀愛，但父母心知肚明，我們只是局外人。我回到睡房，用手機發了一個短訊給他 'Daddy loves you and is always available to talk to you.' 由於心中一直繫掛，無法入睡，把全身能量貫注雙耳，留心各樣聲音。

感恩地，過了一段時間，他拍門，表示要跟我談，我

心中很安慰、很高興。他告訴我在教會跟朋友相處時感到壓力。我兒子是一個感情很單純、很敏鋭的人。他一直説，我沒有給他什麼意見，只是專心聆聽，他講完又好像沒什麼了，換上那個孩子氣的笑容，便回房倒頭睡去。

父母的心急，來自想控制一切，但子女的成長卻需要空間及時間，否則子女會感到窒息，這就是放手吧。我們不是袖手旁觀，卻只可隨時候命，提供心靈上的適切支援，期待問題化解。

親子戰場

星期六晚上，一向都是我和太太拍拖的時間。隨着阿仔年紀漸長，我跟太太有默契，若然阿仔想跟我們吃飯，我們便取消拍拖時間，共聚天倫。

那一天，阿仔的行程很滿，早上練琴，下午做功課，晚上已筋疲力竭，而我和太太經過一整天的勞碌都疲憊不堪。在這情況下，我頓時提高警覺，恐怕狀態不佳，相處時容易發生爭執。

晚飯的時候，母子對話的氣氛已不友善，甚至彼此都顯得有點不耐煩，我待在旁邊，見機行事，察覺不太妥當便插科打諢，轉移話題，緩和氣氛，例如：「那個菜做得很不錯喔！」吃畢，全程總算有驚無險。晚飯以後，也許是大家的血糖都升高了，氣氛正常了一點。

駕車回家時，太太忽然問及，阿仔學校有否公布學生升大學的情況。阿仔立刻質疑學校為什麼要公布？太太不同意。幾段對話來往，我已嗅出話中隱含火藥味，他們自說自話，並不是就事論事，而且二人在表達時已把複雜的感受混

入去。雙方覺得對方不理解自己，「為何你沒有體諒我、明白我」的情緒頓生。理應愉快的家庭時光，忽爾放了一個炸彈。

作為丈夫和父親，面對兩位各持己見的「老闆」，我只能充當 peacemaker（和事佬）的角色，不能偏幫。我專心駕駛，默不作聲，等着機會。到家後，待一方走開，便立刻跟另一方説：「你們在説不同的事。」迅速以一句交代，然後立刻閉嘴，絕不能喋喋不休，否則只是火上加油。

我聽出他們討論的事，是一個沒有絕對對錯的問題：一個覺得公布結果沒有什麼大不了，這是很多學校一貫的做法；一個覺得這是同學的私隱，學校根本不應公布成績。

家人相處時不時存在這些難解的結、莫名的爭執。這不單是道理的問題，而是牽涉各人的感受，情緒和想法兩者混為一談，使雙方各執一詞，大家的態度變得敏感，像豎起刺的箭豬一般。我不能捉他倆坐下逐一傾談，也沒有能耐去解當中的結。我面對兩位堅持己見的老闆，只能見機行事，知所進退，但置身其中怎有這麼容易？

家事難以分對錯，在家人各執一詞時，我們只學習饒恕包容，而包容的重點在於忍耐，各有讓步，無謂堅持。

好爸兩頭瞞

在家中，太太和兒子，兩個都是我老闆！我總是設方想法討好他們。人家說「好仔兩頭瞞」，我就是「好爸兩頭瞞」，或者這是做好丈夫和好爸爸的祕技吧。

為何我要這樣做？因我的太太和兒子容易發生衝突，每次衝突都會互相指責，阿仔對我說：「次次都係我唔啱，佢（阿媽）都有唔啱架！」太太則覺得阿仔很懶惰，不負責任，很難處理！互相指責又怎會有好結果？母子一出狀況，我會先攔住太太，不用她操心。策略是先勸阻太太，說讓我獨個兒跟阿仔傾談。我不能像太太一樣，光說：「我啱呀，阿仔你錯！」我知道會令阿仔感到很大壓力，所以我要識時務。進到阿仔房內，先關上房門，我們只是談天說地，有時傾談完，鼓勵他跟媽媽說句「對不起」，他當然很不服氣，總是說：「次次都係我錯，佢無錯咩！」我也只好勸勸他：「媽媽的年紀比較大，改變比你難，她也沒有一個爸爸像你的爸爸好。」

最後，出房門的一刻我會狠狠拋下一句：「下次唔好

啦！」不過是說給太太聽，表示我處理了。阿仔消了氣轉頭便會推門出去，拋出橄欖枝，輕輕地對媽媽說一聲「對不起」。當然太太並不知道我跟阿仔談過什麼，只道「阿仔已經成長，知道自己錯。」那時她就立刻消氣。

另一邊廂，我也會勸太太，但不會「打鐵趁熱」，我會等其他場合才勸她，讓她明白阿仔在成長時候會有不同的情緒，就像我們十幾歲時不聽父母的話一樣，以我們從前的情況來讓太太體諒阿仔。太太是教育工作者，這些道理她怎會不曉得？然而她個性剛強，容易固執己見。

我提過父母要自我察覺，太太跟我一起上成長課，但為何沒即時自我醒察？皆因人不是一個程式，學了一套，就人人都合用。我太太上了課自然也會成長，然而大家的成長速度不同。有時她在公開場合也說，說好聽一點，我幫助她成長；但難聽一點，是我給予她很多壓力，迫她改變。

這就是我「兩頭瞞」的絕招。看！在家中其實我很卑微。我不是要做「古惑佬」，我會堅守一個原則：不說謊。我只想嘗試效法《聖經》的教導：使人和睦，擔當「和事佬」的角色。

雖然間或會母子關係緊張，但媽媽很愛阿仔，樂意為他反思及改變自己，一家的關係依然是非常快樂的；雖然我周旋於兩位老闆之間，但我並不是感到「左右做人難」。就算兩頭瞞，也是因為愛他們，不想他們關係惡劣。或者我恨不得經常周旋於兩位老闆之間，哄着他們，使自己感到被需要吧！也許這是我滿足感的來源。

校長媽媽

阿仔小時候母子二人關係非常緊張，一有爭執，我情願躲起來，躲得愈遠愈好。尤其在晚上太太教阿仔做功課的時候，他們例必會經過一番爭執，而我只能在另一間房假裝用電腦來逃避。

或者阿仔感到媽媽給他很大壓力。阿仔經常強調媽媽「好勁」。因為太太也是校長，教英文、英語文學。她中學畢業自名校，然後，獨個兒到美國完成大學與碩士課程。她的父母只是給她買了機票與送機，接着的生活都由她獨力處理。

有一件小事足證她的強悍。她大學的畢業試，其中一項規定是要求學生，不論用什麼方法、什麼泳式，必須游上五十個直池才能通過考試，順利畢業。這要求雖然有點怪，但因她的大學位處美國密西西比州，經常水浸，若不諳泳術就逃生無門，學校實在用心良苦。她自然順利完成這超高難度的測試。獨自在外地的生活，訓練出她自力更生，獨立完成自己的事的性格。

太太是個重視準確、自律自主的人，她也是這樣教導阿仔。她當然希望阿仔跟她一樣，現在回想可能是不自覺對他

要求過高。

太太是阿仔唸小學時的學校校長。我們沒很多要求，只要求兒子考第二、三名就好了，根本不用考第一，我們還以為這標準已很一般呢！事實上，我夫婦倆都從事教育，自然曉得教育的原則，但在實際要求孩子時，總逃不出一般家長的迷思。

兩年前我們搬家，太太與阿仔發生了一場嚴重的衝突。事源太太不太滿意傭工某些表現，覺得她不符合標準。但阿仔卻維護那名從小照顧他的傭工，膽敢挑戰阿媽，甚至為此罵阿媽不講道理，把太太氣得半死。事情真相如何已不重要，但太太為這事受了很大刺激。在這件事之後，我發現自己不能再對他們的爭執袖手旁觀，必須及時介入，阻止他們直接衝突。

這兩年他們的關係好轉。首先，我們在阿仔小六時決定幫他轉校，使阿仔減少來自母親的壓力。最近的五年，太太積極學習放手，接受阿仔與自己不同的地方，甚至反省過去，覺得之前自己對阿仔要求過於嚴苛，沒有體諒他只是一個小孩子，這都是非常難得。加上我又由隔岸觀火，轉為作防火牆，慢慢介入母子的衝突，母子關係終得以改善。

爸爸扮忠，媽媽扮奸？

在這本書裏，我怕讀者誤會，以為我太太是衰人，我就精於教子。事實上我太太很疼愛兒子，是個很好的媽媽；她願意不斷改變自己，學習放手，我很欣賞她。

一家三口，三種不同性情，總不能每個問題都用同一種方法去解決。有時候我會容讓太太用她的方法，嚴厲地管教阿仔，我就退後一點吧；因為我認為在某些需要嚴厲管束的場景中，這是需要的。不要以為我與太太的管教方式不同，會出現矛盾或衝突，我與太太在教養上擔當不同的角色，善用個人性格特長互相補足，幫助阿仔成長。在心底，我一直相信話事權一直在我手，自己在操控兩位老闆。

我在家長講座接觸不少家長，不論什麼階層、孩子在哪個階段，孩子也要了家長的命。有些孩子只顧打機不上學，家長根本拿他們沒辦法。所以不少家長也同意，孩子是老闆，我們只是看他們的臉色做人。

家長面對的其中一個困境，就是父母不同教法，異性本有不同，加上彼此性格不同，做成不少矛盾，也吃了不少

苦頭。他們愈想控制子女，愈控制不了。曾有媽媽給兒子買了 iPhone，説是借給孩子用；但父親説不是借，是給兒子的，這就是父母有兩種不同説法。若孩子夠精明，可以利用父母的矛盾，把他們玩弄於股掌之上。更要命的是父母互相指責，以為自己有道理，就忽略了撫平對方的緊張和矛盾情緒，也無法教好孩子。

若果父親站在孩子一邊對抗媽媽，阿媽就會很難受。若父親站在媽媽一邊，不過是以大欺小。這樣只會向孩子傳遞一個信息：這是一場角力遊戲，哪方人多哪方就得勝。這時家中的關係，就變成親子的權力角力賽了。有些父母索性把孩子交給祖父母，但這又演變成另一場角力。

當然我家也有這問題，太太有時候因要求高而對阿仔發脾氣，而我與阿仔相處時亦有不少無奈和掙扎，父母同樣有自己的限制，沒有誰比誰好。我也有在教養上退得太後的時候，當我不察覺時，有時甚至犧牲了太太，讓自己擔當了好人的角色。我和太太結婚二十五年，感恩的是我們的冷戰通常都在二十四小時內快快結束。當我講座談及這一點，很多人覺得沒有可能，不相信。我們與所有父母根本無不同，感恩的是有上帝的恩典，我們夫婦也一直保持溝通，才能攜手教養孩子。

誰愛誰多一點

有一次太太跟我說：「我覺得阿仔成日好鍾意同你講心事。」我立時心裏一驚！思前想後，怎樣回答好呢？她可是我老闆，不可得罪的。人急智生，我回答他：「阿仔愛你當然比愛我更多。」

不要以為我胡謅應付老闆，我是認真的！當然我好愛太太，我相信當我愛我太太，實在是給阿仔的榜樣。教他知道我愛他媽媽，希望阿仔也會效法我。

我和太太之間沒有爭寵，但明顯阿仔待我們是不同的。阿仔對媽媽的親密舉動比較多，例如他間中會擁抱她、牽她的手。阿仔則經常嫌棄我煩，他倒很少這樣評論媽媽。阿仔跟太太說愛她的次數多於對我說，他對媽媽的態度亦比對我友善，有時阿仔做錯事，會更快對媽媽說一句「對不起」。我們每晚都會一起祈禱，太太很多時使我喚阿仔過來祈禱，但我都推搪讓她去，因為我甫推開門，阿仔會晦氣地說：「咩呀！」一副很不耐煩的樣子。換了是媽媽過去，即使阿仔的心情欠佳，但是他的回應、態度依然是比較好。

面對阿仔有困難或問題，我情願自己與阿仔討論，由我來處理。不是我不相信太太，而是她們母子性格截然不同，太太為人很有要求，阿仔容易與媽媽「硬撼」。為避免有衝突、傷感情，我會挺身而出，如果由我去擋開或者處理，太太就不用與阿仔太多衝突了。這不是說，我不會與阿仔衝突，但我自信可以避重就輕，避開不少衝突位。

試問哪個爸爸愛處理與子女的衝突，難道我有法寶嗎？我又怎擔保一定處理得宜？父母就是常常面對這種兩難局面。其實我跟不少父母有些地方不太相同，其中一樣就是心態，我敢於嘗試，就算衝突無可避免，我也肯衝過去。所以我和太太，沒有誰較誰對兒子的愛多一點，只是在教養上父母擔當不同角色而已。

夫妻同心甚艱難

一天下午，有一對父母找我，九月學期才剛開始，他們的兒子上學兩天就曠課。看他們愁眉苦臉的樣子，好苦惱，抓破頭皮也想不到法子。惟有來請教我意見，我就事論事，表達想法，但從這對爸爸媽媽的表情，爸爸明顯無法聽明白人家意見，可能是到處求教，聽了太多，更心亂如麻。媽媽仍是很積極，明查暗訪，要尋得一個解決方法。但最大難題是，媽媽想得爸爸支持，想爸爸晚上多放一點時間陪兒子；但爸爸有心無力，因他做夜更工作，人工可以多一些，已無法擠出更多時間來陪伴、支持兒子。

究竟問題出在哪裏？兒子嗎？爸爸嗎？這對父母無疑是知識分子，育兒理論多的是。但一對父母能否同心才是關鍵。父母根本是兩個個體，性格迥異，同心談何容易？就算口說要同心，當面對育兒處境，怎能輕易做到同心、達成共識。如果在一些事情上，大家認為，「誰做決定都一樣」，那當然最好。但若遇上棘手事件，遇上的難處、事件有商榷餘地時，父母同心就有實際難度。這難度不單因為彼此性格不同，更關乎大家對未知將來沒有把握，也擔心決定達不到我

們預期的效果。而且誰能保證怎做決定才好？真是難！父母有不同提議、想法，將導致不同後果。再加上各人的情感因素，就令事情更加複雜。還有我們這種「塘邊鶴」的多言多語，添油加醋，事件就更是千頭萬緒。

正所謂「做人父母甚艱難」，就是這個處境吧！難上加難的，是我們的子女必定有他們自己的抉擇，我們無法預測他的反應，事件成了一道非常複雜的問題，如何處理？

父母，既是夫妻，真的要彼此體諒，明白大家身處艱難的處境；如《聖經》所言，「看別人比自己強」。我身為父親，也請各位媽媽要體諒爸爸工作上的需要和壓力，一力「擔起成頭家」很不容易。在爸爸心目中，總會覺得家人心靈及深層需要，豈不應該輪到媽媽負責？但媽媽會覺得爸爸應該多放時間給子女，這才幫到孩子。不論誰是誰非，我相信對彼此都是一個學習過程，都是由放下個人執著開始，學習去愛對方，為對方犧牲，而不是彼此埋怨。最重要的是，無論任何情況下，夫妻在子女面前要避免正面衝突，更要互相支持，在房間內就要好好討論協調，不要停止雙方溝通，保持不斷分享交流。

築起愛的籬笆

我常說，父母的大敵是「心急」。當孩子發出央求時，我們未必會理性細心分析他是否有這需要？往往說幾句「算啦、算啦」就輕易就範，皆因我們都想享受跟子女有愉快的、良好的關係，不想破壞那種感覺，不想看到孩子被我們拒絕後苦着臉。

進一步思考時，我會問自己到底這樣做是出於愛他，抑或我（成年人）是愛自己、重視自己的感受？我這麼說並非自己已學會了，反而感到在現實中要抽離、克服這種渴求毫不容易。當一家人開開心心逛街時，孩子看見一雙球鞋，告訴你很想要，你送他後看見孩子一臉的滿足，我們又怎會不快樂？我們都渴望被孩子重視，渴望孩子因你而得到滿足和快樂。

實際上他是否需要這雙球鞋？購買與否？香港的物質享受相對豐富，會否因此我們對購物的原則放鬆了？我們就因感覺而放鬆標準？不覺間，我們可能用身教傳遞了享樂的價值觀。然而基督徒父母，當我們說要遵守《聖經》「攻克己

身，叫身服我」的教導時，我們是否更要提高警覺？

前文提過，阿仔小時候什麼衣服都願意穿。到他長大了，立刻要建立自己的個性，什麼有花樣、公仔圖案的衣服都不肯穿，只穿黑、白色。到他十來歲，更開始要求自己挑選和配搭不同衣服，設計自己的造型。有一次他帶我們去一間算是「有牌子」的時裝店。阿仔就找來一件恤衫，遞過來劈頭就說想買，沒有提價錢。那間時裝店不知怎的裝潢到漆黑一片，我因為老花，看事物很不清楚。我特意找了一個光亮一點的角落，一瞄銀碼，560 元。這時，我又墮入兩難局面了！買不起？不是。只是很多教育理念浮現：還未有能力賺錢時如何花費呢？貨品是否昂貴呢？另一方面，我又心軟，想到阿仔真的沒有恤衫，似乎有這需要。媽媽的立場就很清晰，一句說：「太貴了。」媽媽出手比較好，爸爸這個時候就當然躲在後面為妙。

買不到恤衫，阿仔自然很不爽，有時我們不依他的意願，他都是這樣子，甚或會嫌我們煩。可是，我欣賞阿仔不會記仇，不會一直生氣。我相信他明白我們背後的想法。也許這是因為我們從前就教導他，很多事物都要有界限。我們有一定的要求，不由得他撒嬌強行得到自己想要的，他都說過：「我點諗都無用啦。」但不代表他心底的渴望就消失了。

作為父母，我們為子女立下界限，目的是要建設愛的籬笆；堅固的愛的籬笆，不是要束縛子女的行為意念，乃是出於愛的保護，希望兒女會明白、理解。但我相信設立和堅守是一個過程，父母之間要互相支持，尋求共識。重要的是切勿把籬笆移來移去，父母不要今天說可以，明天又不允許，這樣會讓孩子感覺很混亂。

教子心法大公開

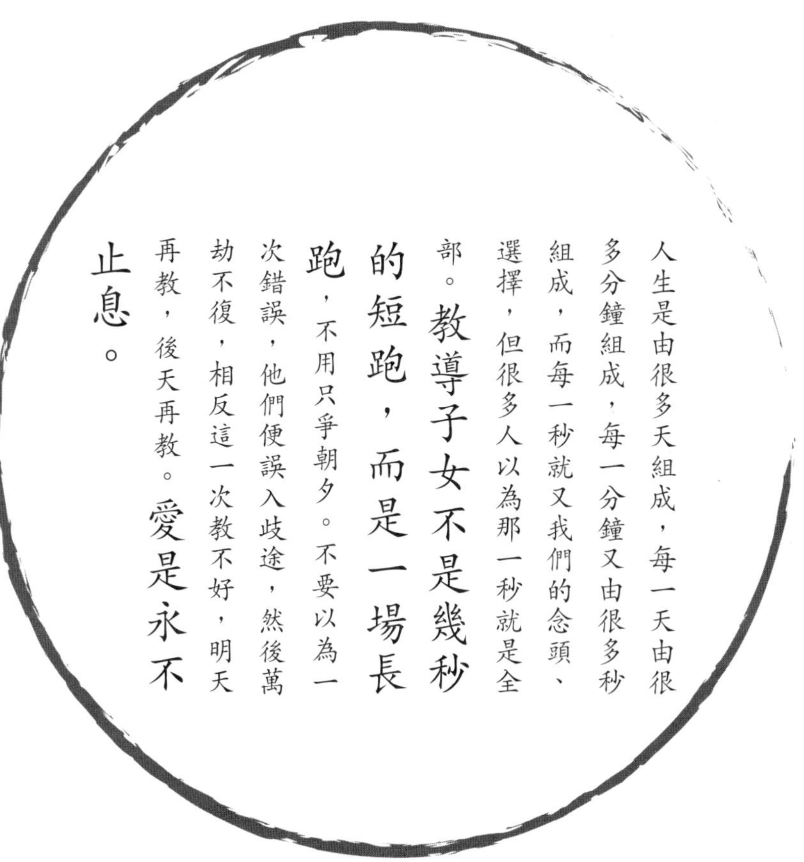

人生是由很多天組成，每一天由很多分鐘組成，每一分鐘又由很多秒組成，而每一秒就又我們的念頭、選擇，但很多人以為那一秒就是全部。**教導子女不是幾秒的短跑，而是一場長跑，**不用只爭朝夕。不要以為一次錯誤，他們便誤入歧途，然後萬劫不復，相反這一次教不好，明天再教，後天再教。**愛是永不止息。**

我父親是荒島校長

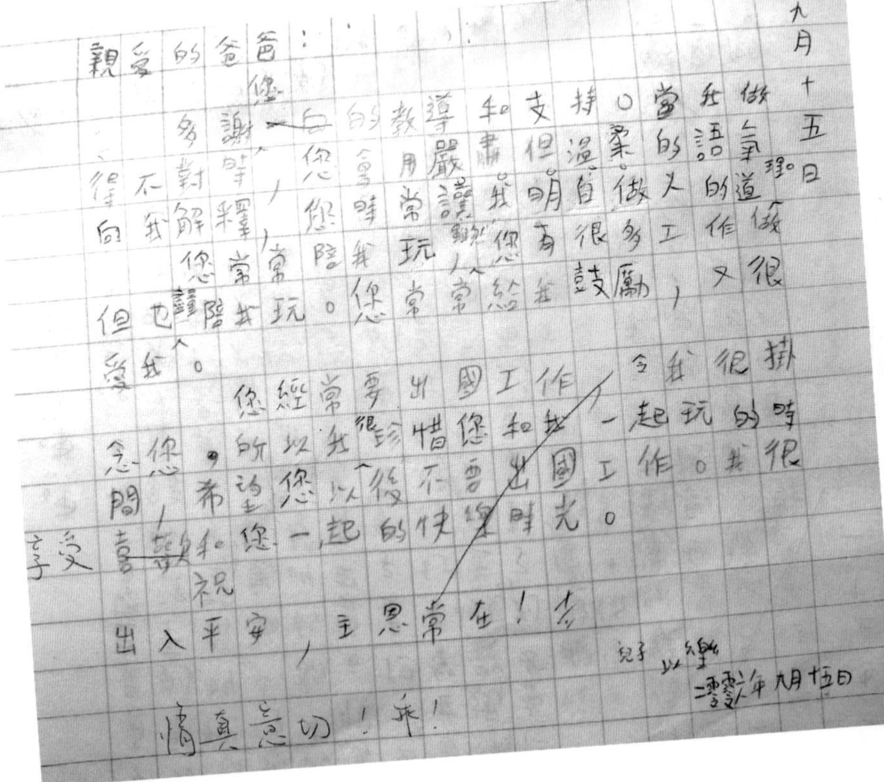

九月十五日

親愛的爸爸：

多謝您的教導和支持。當我做得不對時，您會用嚴肅但溫柔的語氣向我解釋，您時常讓我明白做人的道理。

您常常陪我玩。雖然您有很多工作做，但也會陪我玩。您常常給我鼓勵，又很愛我。

您經常要出國工作，令我很掛念您，所以我很珍惜您和我一起玩的時間，希望您以後不會出國工作。我很享受和您一起的快樂時光。

祝

出入平安，主恩常在！

兒子 以樂

二零零六年九月十五日

情真意切！乖！

陳以樂（7 歲）

在基督教家庭長大是一件美妙的事情。你能在一個充滿愛的環境成長，是一個祝福。不過，在我人生的首十四年，我視之為咒詛。我覺得自己常常被基督教信仰轟炸腦袋，沒有空間去思想神是誰。我的爸爸是牧師，媽媽是教會執事，所以我一直在基督教的價值觀中成長。我曾經很努力嘗試實踐這些價值觀，但是每一次我都覺得自己（對神來說）未夠好。我生來好勝，常常與身邊的人比較，例如朋友、同學，甚至家人。當我與父母比較我的信仰時，我覺得自己距離他們的標準很遠。我覺得很渺小，覺得自己永遠無法成為聖潔。還有，別人常常拿我跟父親比較，又跟我提起他的種種「豐功偉蹟」。當然，我為他的成就、經歷感到驕傲，但在他跟前我的信心好像很小。因此，我曾認為生於基督徒家庭是咒詛。我曾經問神我能否做一個普通人、一個平凡人，但我發現，神賜予我這些恩惠，是要我好好運用。是的，有這些恩惠是一個重擔，但神將我的軛變得輕省。我一直都嘗試以自己的努力去達到各項目標，但我從沒試過倚賴神去幫助我，直至我遇見了祂，真真正正遇見祂——就是上面那個「大佬」（最大的那位）。從前，我孤單獨行；如今，我與神同行。

陳以樂（16歲）

（浸禮時分享，原文為英文）

教子可有祕訣嗎？無！
每一個人的性格、志趣都各有不同，不能「一本通書讀到老」。父母多留意、聆聽他們的內心世界，按他們情況去教養，但千萬別以一種捉錯處的心態監察子女。
Chan

延伸閱讀

聖經的教養智慧

作者：上官賢恩

《聖經》並非教養天書，但只要忠心持守《聖經》訓誨，父母會愈來愈有智慧，然後一個一個奇蹟就要在家庭爆發了。

追風箏的父母

作者：霍玉蓮

教養子女要懂得收和放，讓孩子在父母牽引下高飛。

哪個孩子不出色

作者：梁永泰

孩子是否出色，全在乎你如何參與他們的生命、教養和抉擇。

歲月的育養——給現代父母的啟示

作者：黃麗彰、黃志昌、黃麗明、黃志安

上一輩的父母，不曉得什麼親子理論，卻能養育和供給子女的需要，當中的犧牲精神和生活智慧，也許對現今父母是一種啟示。